OEUVRES

DE

MOLIERE

ILLUSTRATIONS

PAR

JACQUES LEMAN

L'ESCOLE DES MARIS

PARIS

CHEZ   J . LEMONNYER , LIBRAIRE - EDITEUR

53 BIS QUAI DES GRANDS AUGUSTINS

M.DCCC.LXXXII

OEUVRES

DE

J.-B. P. DE MOLIÈRE

VII

L'ESCOLE DES MARIS

JUSTIFICATION DU TIRAGE

Il a été fait pour les Amateurs un tirage spécial sur papier de luxe à 1,000 exemplaires, numérotés à la presse.

		NUMÉROS
125 exemplaires sur papier du Japon.		1 à 125
75 — sur papier de Chine.		126 à 200
200 — sur papier Vélin à la cuve.		201 à 400
600 — sur papier Vergé de Hollande		401 à 1000

OEUVRES

DE

MOLIÈRE

ILLUSTRATIONS

PAR

JACQUES LEMAN

NOTICES

PAR

ANATOLE DE MONTAIGLON

PARIS

CHEZ J. LEMONNYER, LIBRAIRE - EDITEUR

53 BIS QUAI DES GRANDS AUGUSTINS

M.DCCC.LXXXII

NOTICE

DE L'ESCOLE DES MARIS

LES Dédicaces des deux premières Pièces de Molière, qui portent, celle de l'*Étourdi* la signature de Barbin et celle du *Dépit amoureux* la signature de Quinet, sont adressées par les libraires à Messire Jean de Riants et à Monsieur Hourlier. Leurs charges de Procureur du Roi au Châtelet et de Lieutenant-général au Bailliage du Palais sont de nature à faire croire qu'ils avaient eu l'occasion et la bonne fortune de donner quelque sentence favorable ou quelque autorisation utile à Molière et à sa Troupe. En tous cas, alors que les Dédicaces du temps se partagent entre les grands Seigneurs et les Partisans, celles de l'*Étourdi* et du *Dépit* sont, dans l'œuvre de Molière, les seules à l'adresse de particuliers. Désormais, ou ses Pièces sont sans Dédicaces, ou elles ne descendent pas au-dessous de la Famille Royale.

Au lieu de commencer par le Roi, il est naturel que l'*École des Maris* soit dédiée à Monsieur, dont la Troupe s'honorait de porter le nom, inscrit au commencement du Registre de La Grange :

« Le Sieur de Molière et sa Troupe arrivèrent à Paris au mois d'Octobre 1658 et se donnèrent à Monsieur, Frère unique du Roy, qui leur accorda l'honneur de sa protection et le tiltre de ses Comédiens, avec 300 livres de pension pour chaque Comédien. »

C'eût été un beau denier, qui aurait fort augmenté chacune des douze parts, puisque celle d'Octobre 1658 à Décembre 1659 ne produisit que

1257 livres 8 sous. Il est vrai que La Grange, honnêtement et tristement, a écrit en marge :

« *Nota,* que les 300 livres n'ont point esté payéez ».

Molière, depuis ses rapports avec le Prince de Conti, connaissait déjà trop bien les façons de la Cour pour s'être jamais plaint et avoir jamais rien réclamé, ce qui eût été à la fois de la maladresse et de l'ingratitude. Le pavillon, comme on disait, couvrait la marchandise, et, pour tenir pied contre l'Hôtel de Bourgogne, ce n'était pas trop, comme défense, d'un nom princier ; lui seul était assez, et il eût été bien périlleux de s'exposer à le perdre. C'est pour se l'assurer encore plus, autant que pour se dispenser d'hommages inférieurs, que Molière, justement et honnêtement, fit la première Dédicace qu'il signe de son nom. Mais, dès la même année, il monte à son vrai Maître, à celui qui, dès le premier jour, l'avait adopté et lui avait accordé une protection toujours constante et jamais démentie. C'est au Roi que les *Fâcheux* seront dédiés.

Ce ne sera pas descendre que d'être admis à dédier l'*Ecole des Femmes* à MADAME, cette charmante Henriette qui allait bientôt mourir, que d'adresser *La critique de l'Ecole des Femmes* à la piété de la *Reine–Mère,* et, en 1668, l'*Amphitryon* à Monseigneur le Prince, alors âgé de quarante-sept ans.

Voilà toutes les Dédicaces de Molière, dont pas une ne sort de la Maison Royale, puisque Condé, en sa qualité de Bourbon, portait de France, brisé d'un bâton de gueules péri en bande.

On a vu que les *Fâcheux* sont la seule Pièce nommément dédiée à Louis XIV ; mais tout ce qui a été écrit ou improvisé pour ses plaisirs, les Fêtes galantes, les Divertissements, les Ballets, n'ont pas à en porter le nom puisqu'ils n'ont été faits que pour lui. Quant au *Tartuffe,* les trois Placets sont bien plus qu'une Dédicace au Roi; sans son autorisation et son aveu, Molière ne se serait pas permis de les imprimer.

Ce qui est plus important que la Dédicace, c'est la Pièce elle-même, qui se sépare absolument de ses aînées, dans le fond comme dans la forme. Elle n'a plus rien de ce qu'on peut appeler la période provinciale et les années d'apprentissage de Molière, auxquelles semblent appartenir encore *Sganarelle* et *Dom Garcie.* L'auteur des *Nouvelles nouvelles* s'est trompé d'une étrange façon quand il a écrit que les vers de l'*École des Maris* sont moins bons que ceux du *Cocu imaginaire*; c'est le contraire de la vérité; la langue et le vers y sont bien autrement fermes, souples, châtiés et d'une franchise pleine de force. A partir de l'*École des Maris*, Molière est maître de son esprit et de sa forme ; il fait ce qu'il veut et il entre désormais en possession de sa pleine et féconde maturité. Dès lors, sauf, plus tard, dans *Amphitryon*, il n'imite plus de pièces entières ; il est maître de son action, qu'il conduit et termine d'une main sûre, et Voltaire, qui s'y entendait, a eu raison de parler de la supériorité du dénouement de l'*École des Maris*, « vraisemblable, naturel, tiré du fond de l'intrigue, et, ce qui vaut mieux, extrêmement comique ».

C'est la deuxième Pièce créée au Théâtre du Palais-Royal. *Dom Garcie*, qui est la première et s'était jouée en Février, s'interrompit à la sixième représentation tombée à 70 livres. Quatre mois après, le vendredi 24 Juin 1661, la première représentation de l'*École des Maris*, donnée, comme à l'ordinaire, au simple, ne produit que 410 livres, mais les recettes suivantes sont de plus en plus élevées, et la Pièce se joue sans interruption pendant huit mois, jusqu'à la fin d'Octobre. C'était un triomphe, qui vengeait et sauvait Molière de l'insuccès de sa Tragédie. Dans l'*École des Maris*, il devient lui tout entier ; sa force est dans son plein et n'aura pas de défaillances ; il est maître de son instrument ; il entre dans son originalité.

Ce n'est pas que de tout temps on ne retrouve encore chez lui des traces de ressouvenirs. Il est évident que, dans l'*École des Maris*, les deux frères viennent des *Adelphes*; mais, dans le *Dialogue critique sur la Comédie aux Champs-Elysées* récemment publié (Paris, 1880, p. 59), M. de Tralage a bien raison de faire dire à Molière par Corneille :

« Je trouve que vous n'avez pris de Térence que les deux frères. Celui qu'il nomme *Micion* est *Ariste* dans votre Comédie, et son *Déméa* est votre *Sganarelle*, ou plutôt vousmême, puisque je vous ai vu représenter plusieurs fois ce personnage sur le Théâtre du Palais-Royal ; mais ce que vous faites dire à ces deux frères convient si bien aux manières Françoises qu'il faudroit n'avoir pas vu Térence pour vous soupçonner de l'avoir traduit ni même imité. »

Voltaire, dans sa courte notice, dit excellemment la même chose d'une autre manière :

« On a dit que l'*École des Maris* était une copie des *Adelphes* de Térence. Si cela était, Molière eut plus mérité l'éloge d'avoir fait passer en France le goût de l'ancienne Rome que le reproche d'avoir dérobé sa Pièce ; mais les *Adelphes* ont fourni tout au plus l'idée de l'*École des Maris*. Il y a, dans les *Adelphes*, deux vieillards, dont l'un est sévère et l'autre indulgent; voilà toute la ressemblance ».

D'ailleurs les deux garçons de Térence ne tournent pas mieux l'un que l'autre, alors que Molière établit un contraste aussi bien entre les jeunes filles qu'entre les frères, et, au lieu de sentiments Romains, l'on est passé dans un autre monde. De plus, dans l'*Aridosio* de Lorenzino, que la traduction de Pierre de Larrivey appelle les *Esprits*, — il avait l'habitude de démarquer les titres — l'*Aulularia* de Plaute est fondue avec *Les Adelphes* de Térence, et les deux pères, dont l'un est en même temps l'Avare, continuent d'être de caractères différents, de sorte que l'*Aridosio*, ou mieux les *Esprits*, est, avec les Latins, pour quelque chose dans l'*École des Maris* et dans l'*Avare*.

Sur l'inspiration venue de Térence, Molière a greffé une autre action, celle d'Isabelle faisant dire à Sganarelle tout ce qu'elle ne peut pas dire elle-même, ce qui vient de la troisième Nouvelle de la seconde Journée du *Décaméron* de Boccace, où la Femme d'un riche fabricant de draps de laine trouve le moyen de changer son Confesseur en Mercure et de le charger de tous ses messages pour l'amant qu'elle veut conquérir. C'est la donnée qu'ont reprise, sous Louis XIII, les Contes d'Antoine Le Métel, Sieur d'Ouville.

Molière a-t-il connu *La discreta enamorada* de Lôpe de Véga, mort en 1635, dans laquelle l'adroite amante, ou l'amoureuse avisée, pour ne pas épouser son vieux soupirant dont elle aime le fils, charge le père de couper court aux recherches importunes du jeune homme, à qui elle apprend ainsi son amour. C'est bien encore se servir de quelqu'un pour le faire agir contre lui-même, mais il n'y a ni le contraste des deux frères, ni celui des deux jeunes filles.

Par contre, Molière ne peut pas avoir connu la Pièce, en un acte et en mauvais vers, de *La Femme industrieuse*, la troisième des neuf Comédies de Dorimond, Comédien de la Troupe nouvelle de MADEMOISELLE, établie un moment rue des Quatre-Vents, au Faubourg Saint-Germain, qui parut chez Ribou avec une Dédicace à Monsieur d'Anglure; mais, comme elle fut publiée en 1661, l'année de l'*École des Maris*, et qu'une autre Comédie, en un acte et en vers, dédiée par le même Dorimond à Monsieur de Santini, est appelée l'*École des Cocus, ou La précaution inutile*, il se pourrait que le Comédien de la grande MADEMOISELLE, se soit, au moins pour le titre de la seconde, mis à la remorque du succès du Comédien de Monsieur, frère unique du Roi. Si, par les dates des Privilèges, *La Femme industrieuse* semble du commencement de l'année, *La précaution inutile* paraît postérieure à l'*École des Maris*, qui se trouve ainsi avoir inauguré au Théâtre ce titre d'*École*, si souvent repris depuis. De toutes façons *La Femme industrieuse* ne vient pas de Lope de Véga, mais de Boccace, dont le Confesseur s'est, à cause des convenances de la scène, changé en Docteur.

Plus tard, en 1685, La Fontaine, dans *La confidente sans le savoir, ou le Stratagème*, au cinquième Livre de ses *Contes*, ne s'est peut-être pas aperçu qu'il remettait en scène Isabelle, Sganarelle et Valère. C'est de Boccace qu'il est parti, en remplaçant le Confesseur par une parente du jeune homme, ce qui est à la fois tout aussi amusant et plus délicat; mais l'héroïne de tous les contes est sciemment une dévergondée, tandis que la jeunesse d'Isabelle est honnête, et le changement en vaut la peine.

On a aussi cité quelquefois, pour le rapprocher du mariage de Sganarelle, le sot mariage de Don Pèdre dans la Nouvelle de Scarron, *La précaution inutile;* elle aurait plus de rapport avec les naïvetés innocentes de l'Agnès de l'*École des Femmes* qu'avec les ingénieuses hardiesses de l'adroite Isabelle.

En somme, et au-dessus de la curiosité des rapprochements, il y a quelque chose de bien plus considérable, c'est l'œuvre elle-même, que ses origines, d'ailleurs indirectes, n'empêchent pas d'être absolument originale, et cette originalité, dont Molière lui-même rappelle bien la valeur, lorsque, dans la première scène du *Misanthrope*, il fait dire par Philinte à Alceste, qui n'est pas un Sganarelle :

> *Je crois voir en nous deux, sous mêmes soins nourris,*
> *Ces deux frères, que peint l'École des Maris,*

est surtout dans l'opposition des natures et de la vie des deux frères.

L'un, Ariste, l'aîné et le plus jeune, n'est pas seulement l'honnêteté, la droiture et la bonté même; il est le bon sens et l'expérience; il est clairvoyant sans irritation et sans colères, judicieux sans raideur, et son indulgence ne va pas jusqu'à la faiblesse; on l'aime et on l'estime. Quant à Sganarelle, on en rit, et l'on a bien raison, car il est fort comique; mais on ne se rend peut-être pas assez compte du degré où il est bas et méprisable, et combien c'est un vilain caractère. Son égoïsme est naïvement féroce, et il s'y admire; il est sot à merveille, toujours prêt à se prendre à l'hameçon des plus grosses flatteries, bourru, grossier, agressif, même brutal, et surtout profondément malveillant; on le voit à sa joie maligne de l'avalanche de déconvenues qu'il croit voir tomber sur son frère. Le rire, que font épanouir toutes ses sottises, dissimule et couvre ses défauts; mais, sans s'en rendre toujours compte, on les sent, et cette déplaisance légitime est l'excuse d'Isabelle et permet de prendre son parti contre celui qui n'est et ne pourrait jamais être pour elle qu'un odieux tyran.

Il y a même à faire, à ce propos, une remarque plus générale. On a dit que Molière a commencé dans Sganarelle ce qu'on appellerait ses confidences théâtrales sur lui-même et les incidents de sa vie.

Qu'il ait fait exprimer de ses sentiments par tel ou tel de ses personnages à un moment donné d'un rôle et qu'il ait quelquefois parlé par leur bouche, rien de plus simple. Il serait même vraiment difficile qu'il en fût autrement. Ce qu'on écrit, quand on essaie de peindre les caractères des hommes et la vie, on le puise aussi bien en soi que dans l'étude des autres; mais Molière eût été bien surpris si on lui avait dit qu'il faisait en quelque sorte une confession et qu'il se mettait personnellement en scène.

Ici la chose est absolument invraisemblable; ce qu'il a fait, c'est une Comédie, sans s'y abandonner à des allusions à sa personne et sans railler ses propres douleurs. En réalité Molière, dont le mariage n'a pas été malheureux dès les premiers jours, était encore célibataire. Il ne se maria qu'en Février 1662, et son mariage ne fut annoncé, peut-être même décidé qu'au dernier moment.

On sait qu'à Pâques de l'année 1661 Molière demanda et obtint « pour lui, ou pour sa femme, s'il se marioit, deux parts, au lieu d'une, qu'il avoit », et c'était bien légitime, car il n'était pas seulement le meilleur acteur, il était le Directeur et l'Auteur de la Troupe. S'il ne se mariait pas, la part ne lui était pas moins acquise, et cela comportait d'autant moins qu'il dût forcément épouser une Comédienne que, s'il pouvait déjà penser à Armande Grésinde, elle n'était pas encore montée sur le théâtre, où elle ne parut certainement qu'après leur mariage.

De plus, ce serait dans le Sganarelle, ridicule et stupide, qu'il se serait joué d'avance, car l'on sait, sans hésitation, que c'était lui qui tenait le rôle de Sganarelle de *l'École des Maris,* comme il avait tenu celui du *Cocu imaginaire.* Il faudrait croire à un bien étrange héroïsme pour se peindre si peu en beau. Les sentiments d'Ariste pourraient plutôt être les siens, mais il ne jouait point Ariste, qui d'ailleurs était peut-être, à l'origine, plus comique qu'il ne l'est pour nous, puisqu'il fut créé, « d'une manière inimitable », par le vieux De L'Espy, le frère de Jodelet.

Les contemporains n'avaient pas à voir la personnalité de Molière dans Sganarelle; ils n'y ont vu que le *Farceur,* comme on disait. N'y cherchons que le grand auteur comique, l'esprit de sa verve, le dessin et la couleur de son tableau. Molière n'est pas plus Sganarelle qu'Alceste dans le *Misanthrope* et Tartuffe dans *l'Imposteur* ne sont la copie d'un personnage réel et précis. Certainement Molière s'est inconsciemment servi de lui-même, mais en même temps il s'est toujours et encore plus servi de tout le monde. C'est plus qu'un portraitiste; il a l'invention et la composition du grand peintre.

ANATOLE DE MONTAIGLON.

L'ESCOLE DES MARIS

M.DC.LXI

L'ESCOLE
des
MARIS

L'ESCOLE DES MARIS

Imp. Lallement et Cⁱᵉ

L'ESCOLE DES MARIS

COMEDIE

DE

J.B.P. DE MOLIERE

REPRESENTEE SUR LE THEATRE DU PALAIS ROYAL

A PARIS

CHEZ GUILLAUME DE LUYNE

LIBRAIRE JURE. AU PALAIS

A LA SALLE DES MERCIERS A LA JUSTICE

M.DC.LXI

AVEC PRIVILEGE DU ROY

A

Monseigneur

LE DUC D'ORLÉANS

Frère unique du ROY

Monseigneur,

E fais voir icy à la France des choses bien peu propor-
tionnées. Il n'est rien de si grand et de si superbe que le
nom que je mets à la teste de ce Livre, et rien de plus bas
que ce qu'il contient. Tout le Monde trouvera cet assem-
blage estrange, et quelques-uns pourront bien dire, pour
en exprimer l'inégalité, que c'est poser une couronne de
perles et de diamans sur une statue de terre, et faire
entrer, par des Portiques magnifiques et des Arcs triomphaux superbes, dans une
meschante cabane. Mais, Monseigneur, ce qui doit me servir d'excuse, c'est
qu'en cette avanture je n'ay eu aucun choix à faire, et que l'honneur que j'ay d'estre
à Vostre Altesse Royale m'a imposé une nécessité absolue de luy dédier le
premier Ouvrage que je mets de moy-mesme au jour. Ce n'est pas un présent que

VI.   I je luy fais; c'est un devoir dont je m'acquitte, et les hommages ne sont jamais regardez par les choses qu'ils portent. J'ay donc osé, MONSEIGNEUR, dédier une bagatelle à VOSTRE ALTESSE ROYALE, parce que je n'ay pû m'en dispenser, et, si je me dispense icy de m'estendre sur les belles et glorieuses véritez qu'on pourroit dire d'Elle, c'est par la juste appréhension que ces grandes idées ne fissent éclater encor davantage la bassesse de mon offrande. Je me suis imposé silence, pour trouver un endroit plus propre à placer de si belles choses, et tout ce que j'ay prétendu dans cette Epistre, c'est de justifier mon action à toute la France, et d'avoir cette gloire de vous dire à vous-mesme, MONSEIGNEUR, avec toute la soumission possible, que je suis,

de Vostre Altesse Royale,

Le très-humble, très-obéissant et très-fidelle serviteur,

I.-B. P. MOLIERE

SGANARELLE,
ARISTE, | Frères.

ISABELLE,
LÉONOR; | Sœurs.

LISETTE, Suivante de Léonor.

VALÈRE, Amant d Isabelle.

ERGASTE, Valet de Valère.

LE COMMISSAIRE.

LE NOTAIRE.

La Scène est à Paris.

ACTE PREMIER

SCÈNE PREMIÈRE

SGANARELLE, ARISTE

SGANARELLE

MON Frère, s'il vous plaist, ne discourons point tant,
Et que chacun de nous vive comme il l'entend.
Bien que sur moy des ans vous ayez l'avantage
Et soyez assez vieux pour devoir estre sage,
Je vous diray pourtant que mes intentions
Sont de ne prendre point de vos corrections ;

Que j'ay pour tout conseil ma fantaisie à suivre,
Et me trouve fort bien de ma façon de vivre.

ARISTE

Mais chacun la condamne.

SGANARELLE

Ouy, des foux comme vous,
Mon Frère.

ARISTE

Grand mercy; le compliment est doux.

SGANARELLE

Je voudrois bien sçavoir, puis qu'il faut tout entendre,
Ce que ces beaux censeurs en moy peuvent reprendre?

ARISTE

Cette farouche humeur, dont la sévérité
Fuit toutes les douceurs de la société,
A tous vos procédez inspire un air bizarre,
Et, jusques à l'habit, vous rend chez vous barbare.

SGANARELLE

Il est vray qu'à la mode il faut m'assujettir,
Et ce n'est pas pour moy que je me dois vestir?
Ne voudriez-vous point, par vos belles sornettes,
Monsieur mon Frère aisné, car, Dieu mercy, vous l'estes
D'une vingtaine d'ans, à ne nous rien celer,
Et cela ne vaut pas la peine d'en parler;

Ne voudriez-vous point, dy-je, sur ces matières,
De vos jeunes muguets m'inspirer les manières ?
M'obliger à porter de ces petits chapeaux
Qui laissent éventer leurs débiles cerveaux,
Et de ces blonds cheveux, de qui la vaste enfleure
Des visages humains offusque la figure ?
De ces petits pourpoints, sous les bras se perdans,
Et de ces grands colets, jusqu'au nombril pendans ?
De ces manches, qu'à table on voit taster les sausses,
Et de ces cotillons, appellez haut-de-chausses ?
De ces souliers mignons, de rubans revestus,
Qui vous font ressembler à des pigeons patus ?
Et de ces grands canons, où, comme en des entraves,
On met tous les matins ses deux jambes esclaves
Et par qui nous voyons ces Messieurs les galans
Marcher écarquillez ainsi que des volans ?
Je vous plairois, sans doute, équipé de la sorte,
Et je vous vois porter les sottises qu'on porte.

ARISTE

Toûjours au plus grand nombre on doit s'accommoder,
Et jamais il ne faut se faire regarder.
L'un et l'autre excès choque, et tout homme bien sage
Doit faire des habits ainsi que du langage,
N'y rien trop affecter, et, sans empressement,
Suivre ce que l'usage y fait de changement.

Mon sentiment n'est pas qu'on prenne la méthode
De ceux qu'on voit tousjours renchérir sur la mode,
Et qui dans ses excès, dont ils sont amoureux,
Seroient faschez qu'un autre eust esté plus loin qu'eux;
Mais je tiens qu'il est mal, surquoy que l'on se fonde,
De fuir obstinément ce que suit tout le monde,
Et qu'il vaut mieux souffrir d'estre au nombre des fous
Que du sage party se voir seul contre tous.

SGANARELLE

Cela sent son vieillard, qui, pour en faire accroire,
Cache ses cheveux blancs d'une perruque noire.

ARISTE

C'est un estrange fait du soin que vous prenez
A me venir toûjours jetter mon âge au nez,
Et qu'il faille qu'en moy sans cesse je vous voye
Blasmer l'ajustement, aussi bien que la joye,
Comme si, condamnée à ne plus rien chérir,
La vieillesse devoit ne songer qu'à mourir,
Et d'assez de laideur n'est pas accompagnée
Sans se tenir encor mal propre et rechignée.

SGANARELLE

Quoy qu'il en soit, je suis attaché fortement
A ne démordre point de mon habillement.
Je veux une coëffeure, en dépit de la mode,

Sous qui toute ma teste ait un abry commode ;
Un bon pourpoint bien long, et fermé comme il faut,
Qui, pour bien digérer, tienne l'estomach chaud ;
Un haut-de-chausses fait justement pour ma cuisse ;
Des souliers, où mes pieds ne soient point au suplice,
Ainsi qu'en ont usé sagement nos ayeux,
Et qui me trouve mal n'a qu'à fermer les yeux.

SCÈNE II

LÉONOR, ISABELLE, LISETTE, ARISTE, SGANARELLE

LÉONOR *à Isabelle.*

Je me charge de tout, en cas que l'on vous gronde.

LISETTE *à Isabelle.*

Toûjours dans une chambre à ne point voir le monde ?

ISABELLE

Il est ainsi basty.

LÉONOR

Je vous en plains, ma sœur.

LISETTE

Bien vous prend que son Frère ait toute une autre humeur,
Madame, et le Destin vous fut bien favorable
En vous faisant tomber aux mains du raisonnable.

VI.   2

ISABELLE

C'est un miracle encor qu'il ne m'ait aujourd'huy
Enfermée à la clef, ou menée avec luy.

LISETTE

Ma foy, je l'envoyrois au Diable avec sa fraize,
Et...

SGANARELLE

Où donc allez-vous, qu'il ne vous en déplaise ?

LÉONOR

Nous ne sçavons encor, et je pressois ma Sœur
De venir du beau temps respirer la douceur,
Mais...

SGANARELLE

Pour vous, vous pouvez aller où bon vous semble ;
Vous n'avez qu'à courir, vous voilà deux ensemble.
— Mais vous, je vous deffens, s'il vous plaist, de sortir.

ARISTE

Eh ! laissez-les, mon Frère, aller se divertir.

SGANARELLE

Je suis vostre valet, mon Frère.

ARISTE

La jeunesse
Veut...

SGANARELLE

La jeunesse est sotte, et par fois la vieillesse.

ARISTE

Croyez-vous qu'elle est mal d'estre avec Léonor ?

SGANARELLE

Non pas ; mais avec moy je la crois mieux encor.

ARISTE

Mais...

SGANARELLE

   Mais ses actions de moy doivent dépendre,
Et je sçais l'intérest, enfin, que j'y dois prendre.

ARISTE

A celles de sa sœur ay-je un moindre intérest ?

SGANARELLE

Mon Dieu, chacun raisonne et fait comme il luy plaist.
Elles sont sans parents, et nostre amy, leur père,
Nous commit leur conduite à son heure dernière ;
Et, nous chargeant tous deux, ou de les espouser,
Ou, sur nostre refus, un jour d'en disposer,
Sur elles, par contract, nous sçeut, dès leur enfance,
Et de père, et d'espoux donner pleine puissance.
D'eslever celle-là vous pristes le soucy,
Et moy, je me chargeay du soin de celle-cy ;
Selon vos volontez vous gouvernez la vostre ;
Laissez-moy, je vous prie, à mon gré régir l'autre.

ARISTE

Il me semble...

SGANARELLE

Il me semble, et je le dis tout haut,
Que sur un tel sujet c'est parler comme il faut.
Vous souffrez que la vostre aille leste et pimpante,
Je le veux bien ; qu'elle ait et Laquais et Suivante,
J'y consens ; qu'elle courre, ayme l'oisiveté,
Et soit des damoizeaux fleurée en liberté.
J'en suis fort satisfait, mais j'entens que la mienne
Vive à ma fantaisie, et non pas à la sienne ;
Que d'une serge honneste elle ait son vestement,
Et ne porte le noir qu'aux bons jours seulement ;
Qu'enfermée au logis, en personne bien sage,
Elle s'applique toute aux choses du mesnage,
A recoudre mon linge aux heures de loisir,
Ou bien à tricoter quelque bas par plaisir ;
Qu'aux discours des muguets elle ferme l'oreille,
Et ne sorte jamais sans avoir qui la veille.
Enfin la chair est foible, et j'entends tous les bruits ;
Je ne veux point porter de cornes, si je puis,
Et, comme à m'espouser sa fortune l'appelle,
Je prétens, corps pour corps, pouvoir respondre d'elle.

ISABELLE

Vous n'avez pas sujet, que je croy,...

SGANARELLE

Taisez-vous.
Je vous apprendray bien s'il faut sortir sans nous.

LÉONOR

Quoy donc, Monsieur ?...

SGANARELLE

Mon Dieu, Madame, sans langage,
Je ne vous parle pas, car vous estes trop sage.

LÉONOR

Voyez-vous Isabelle avec nous à regret ?

SGANARELLE

Ouy. Vous me la gâtez, puis qu'il faut parler net.
Vos visites icy ne font que me déplaire,
Et vous m'obligerez de ne nous en plus faire.

LÉONOR

Voulez-vous que mon cœur vous parle net aussi ?
J'ignore de quel œil elle voit tout cecy,
Mais je sçay ce qu'en moy feroit la deffiance,
Et, quoy qu'un mesme sang nous ait donné naissance,
Nous sommes bien peu sœurs s'il faut que chaque jour
Vos manières d'agir luy donnent de l'amour.

LISETTE

En effet, tous ces soins sont des choses infâmes.

Sommes-nous chez les Turcs, pour renfermer les femmes?
Car on dit qu'on les tient esclaves en ce lieu,
Et que c'est pour cela qu'ils sont maudits de Dieu.
Nostre honneur est, Monsieur, bien sujet à foiblesse
S'il faut qu'il ait besoin qu'on le garde sans cesse.
Pensez-vous, après tout, que ces précautions
Servent de quelque obstacle à nos intentions,
Et, quand nous nous mettons quelque chose à la teste,
Que l'homme le plus fin ne soit pas une beste ?
Toutes ces gardes-là sont visions de foux ;
Le plus seur est, ma foy, de se fier en nous.
Qui nous gesne se met en un péril extrème,
Et toûjours nostre honneur veut se garder luy-mesme.
C'est nous inspirer presque un desir de pescher
Que monstrer tant de soins de nous en empescher,
Et, si par un mary je me voyois contrainte,
J'aurois fort grande pente à confirmer sa crainte.

SGANARELLE

Voilà, beau Précepteur, vostre éducation,
Et vous souffrez cela sans nulle émotion ?

ARISTE

Mon Frère, son discours ne doit que faire rire ;
Elle a quelque raison en ce qu'elle veut dire.
Leur Sexe ayme à jouir d'un peu de liberté ;
On le retient fort mal par tant d'austérité,

Et les soins deffians, les verroux, et les grilles,
Ne font pas la vertu des Femmes, ny des Filles ;
C'est l'honneur qui les doit tenir dans le devoir,
Non la sévérité que nous leur faisons voir.
C'est une estrange chose, à vous parler sans feinte,
Qu'une Femme qui n'est sage que par contrainte;
En vain sur tous ses pas nous prétendons régner;
Je trouve que le cœur est ce qu'il faut gagner,
Et je ne tiendrois, moy, quelque soin qu'on se donne,
Mon honneur guère seur aux mains d'une personne
A qui, dans les desirs qui pourroient l'assaillir,
Il ne manqueroit rien qu'un moyen de faillir.

SGANARELLE

Chansons que tout cela !

ARISTE

                    Soit; mais je tiens sans cesse
Qu'il nous faut en riant instruire la jeunesse,
Reprendre ses défauts avec grande douceur,
Et du nom de vertu ne luy point faire peur.
Mes soins pour Léonor ont suivy ces maximes;
Des moindres libertez je n'ay point fait des crimes;
A ses jeunes desirs j'ay tousjours consenty,
Et je ne m'en suis point, grâce au Ciel, repenty.
J'ay souffert qu'elle ait veu les belles compagnies,
Les divertissemens, les Bals, les Comédies;

Ce sont choses, pour moy, que je tiens de tout temps
Fort propres à former l'esprit des jeunes gens;
Et l'Escole du Monde en l'air dont il faut vivre
Instruit mieux, à mon gré, que ne fait aucun livre.
Elle ayme à despenser en habits, linge et nœuds.
Que voulez-vous ? Je tâche à contenter ses veux,
Et ce sont des plaisirs qu'on peut, dans nos familles,
Lors que l'on a du bien, permettre aux jeunes filles.
Un ordre paternel l'oblige à m'espouser,
Mais mon dessein n'est pas de la tyranniser.
Je sçay bien que nos ans ne se rapportent guère,
Et je laisse à son choix liberté tout entière.
Si quatre mille escus de rente bien venans,
Une grande tendresse, et des soins complaisans,
Peuvent, à son avis, pour un tel mariage,
Réparer entre nous l'inégalité d'âge,
Elle peut m'épouser; sinon, choisir ailleurs.
Je consens que sans moy ses destins soient meilleurs,
Et j'ayme mieux la voir sous un autre hyménée
Que si contre son gré sa main m'estoit donnée.

SGANARELLE

Hé! qu'il est doucereux; c'est tout sucre et tout miel!

ARISTE

Enfin, c'est mon humeur, et j'en rends grâce au Ciel;
Je ne suivrois jamais ces maximes sévères

Qui font que les enfants content les jours des pères.

SGANARELLE

Mais ce qu'en la jeunesse on prend de liberté
Ne se retranche pas avec facilité,
Et tous ses sentimens suivront mal vostre envie
Quand il faudra changer sa manière de vie.

ARISTE

Et pourquoy la changer ?

SGANARELLE

Pourquoy ?

ARISTE

Oui.

SGANARELLE

Je ne sçay.

ARISTE

Y voit-on quelque chose où l'honneur soit blessé ?

SGANARELLE

Quoy ! Si vous l'épousez, elle pourra prétendre
Les mesmes libertez que Fille on luy voit prendre ?

ARISTE

Pourquoy non ?

SGANARELLE

Vos desirs luy seront complaisans
Jusques à luy laisser et mouches et rubans ?

VI.   3

ARISTE

Sans doute.

SGANARELLE

A luy souffrir, en cervelle troublée,
De courir tous les Bals, et les lieux d'assemblée ?

ARISTE

Ouy vrayement.

SGANARELLE

Et chez vous iront les damoizeaux ?

ARISTE

Et quoy donc ?

SGANARELLE

Qui joueront, et donneront cadeaux ?

ARISTE

D'accord.

SGANARELLE

Et vostre Femme entendra les fleurettes ?

ARISTE

Fort bien.

SGANARELLE

Et vous verrez ces visites muguettes
D'un œil à témoigner de n'en estre point soû ?

ARISTE

Cela s'entend.

SGANARELLE

Allez, vous estes un vieux fou.

A Isabelle :

— Rentrez, pour n'ouyr point cette pratique infâme.

ARISTE

Je veux m'abandonner à la foy de ma Femme,
Et prétens tousjours vivre ainsi que j'ay vescu.

SGANARELLE

Que j'auray de plaisir si l'on le fait cocu !

ARISTE

J'ignore pour quel sort mon Astre m'a fait naistre ;
Mais je sçay que pour vous, si vous manquez de l'estre,
On ne vous en doit point imputer le défaut,
Car vos soins pour cela font bien tout ce qu'il faut.

SGANARELLE

Riez donc, beau rieur ! O, que cela doit plaire
De voir un goguenard presque sexagénaire !

LÉONOR

Du sort dont vous parlez, je le garantis, moy,
S'il faut que par l'hymen il reçoive ma foy ;
Il s'y peut asseurer, mais sçachez que mon âme
Ne répondroit de rien si j'estois vostre Femme.

LISETTE

C'est conscience à ceux qui s'asseurent en nous,
Mais c'est pain bény, certe, à des gens comme vous.

SGANARELLE

Allez, langue maudite, et des plus mal-aprises.

ARISTE

Vous vous estes, mon Frère, attiré ces sottises.
Adieu. Changez d'humeur, et soyez averty
Que renfermer sa Femme est le mauvais party.
Je suis vostre valet.

SGANARELLE

                    Je ne suis pas le vostre.
— O, que les voilà bien tous formez l'un pour l'autre !
Quelle belle famille ! Un vieillard insensé,
Qui fait le dameret dans un corps tout cassé ;
Une fille Maistresse et Coquette suprème ;
Des Valets impudens. Non, la Sagesse mesme
N'en viendroit pas à bout, perdroit sens et raison
A vouloir corriger une telle maison.
Isabelle pourroit perdre, dans ces hantises,
Les semences d'honneur qu'avec nous elle a prises,
Et, pour l'en empescher, dans peu nous prétendons
Luy faire aller revoir nos choux et nos dindons.....

SCÈNE III

ERGASTE, VALÈRE, SGANARELLE

VALÈRE

Ergaste, le voilà, cet Argus que j'abhorre,
Le sévère Tuteur de celle que j'adore.

SGANARELLE

N'est-ce pas quelque chose enfin de surprenant
Que la corruption des mœurs de maintenant !

VALÈRE

Je voudrois l'accoster, s'il est en ma puissance,
Et tâcher de lier avec luy connoissance.

SGANARELLE

Au lieu de voir régner cette sévérité
Qui composoit si bien l'ancienne honnesteté,
La jeunesse en ces lieux, libertine, absolue,
Ne prend...

VALÈRE

Il ne voit pas que c'est luy qu'on salue.

ERGASTE

Son mauvais œil, peut-estre, est de ce costé-cy ;
Passons du costé droit.

SGANARELLE

Il faut sortir d'icy.

Le séjour de la Ville en moy ne peut produire

Que des...

VALÈRE

Il faut chez luy tâcher de m'introduire.

SGANARELLE

Heu ! J'ay creu qu'on parloit. — Aux champs, grâces aux Cieux

Les sottises du temps ne blessent point mes yeux.....

ERGASTE

Abordez-le.

SGANARELLE

Plaist-il ? — Les oreilles me cornent.

— Là, tous les passe-temps de nos filles se bornent...

— Est-ce à nous ?

ERGASTE

Approchez.

SGANARELLE

Là, nul godelureau

Ne vient... — Que Diable !... — Encor ! Que de coups de chapea

VALÈRE

Monsieur, un tel abord vous interrompt peut-estre ?

SGANARELLE

Cela se peut.

VALÈRE

Mais quoy, l'honneur de vous connoistre
Est un si grand bon-heur, est un si doux plaisir,
Que de vous saluer j'avois un grand desir..... *

SGANARELLE

Soit.

VALÈRE

Et de vous venir, mais sans nul artifice,
Asseurer que je suis tout à vostre service.

SGANARELLE

Je le croy.

VALÈRE

J'ay le bien d'estre de vos voisins,
Et j'en dois rendre grâce à mes heureux Destins.

SGANARELLE

C'est bien fait.

VALÈRE

Mais, Monsieur, sçavez-vous les nouvelles
Que l'on dit à la Cour, et qu'on tient pour fidelles ?

SGANARELLE

Que m'importe ?

VALÈRE

Il est vray; mais, pour les nouveautez,
On peut avoir par fois des curiositez.

Vous irez voir, Monsieur, cette magnificence
Que de nostre Dauphin prépare la naissance ?

SGANARELLE

Si je veux.

VALÈRE

Avouons que Paris nous fait part
De cent plaisirs charmans qu'on n'a point autre-part ;
Les Provinces auprès sont des lieux solitaires.
A quoy donc passez-vous le temps ?

SGANARELLE

A mes affaires.

VALÈRE

L'esprit veut du relâche, et succombe, par fois,
Par trop d'attachement aux sérieux emplois.
Que faites-vous, les soirs, avant qu'on se retire ?

SGANARELLE

Ce qui me plaist.

VALÈRE

Sans doute. On ne peut pas mieux dire,
Cette réponce est juste, et le bon sens paroist
A ne vouloir jamais faire que ce qui plaist.
Si je ne vous croyois l'âme trop occupée,
J'irois par fois chez vous passer l'après-soupée.

SGANARELLE

Serviteur.

SCÈNE IV

VALÈRE, ERGASTE

VALÈRE

Que dis-tu de ce bizarre fou ?

ERGASTE

Il a le repart brusque, et l'accueil loup-garou.

VALÈRE

Ah, j'enrage !

ERGASTE

Et de quoy ?

VALÈRE

De quoy c'est que j'enrage ?
De voir celle que j'ayme au pouvoir d'un sauvage,
D'un dragon surveillant, dont la sévérité
Ne luy laisse jouir d'aucune liberté.

ERGASTE

C'est ce qui fait pour vous, et sur ces conséquences
Vostre amour doit fonder de grandes espérances.
Apprenez, pour avoir vostre esprit raffermy,

VI.   4

Qu'une Femme qu'on garde est gagnée à demy,
Et que les noirs chagrins des Maris, ou des Pères,
Ont toujours du Galand avancé les affaires.
Je coquette fort peu, c'est mon moindre talent,
Et de profession je ne suis point Galant,
Mais j'en ay servy vingt de ces chercheurs de proye,
Qui disoient fort souvent que leur plus grande joye
Estoit de rencontrer de ces Maris fascheux,
Qui jamais sans gronder ne reviennent chez eux ;
De ces brutaux fieffez, qui, sans raison ny suite,
De leurs Femmes en tout contrôlent la conduite,
Et, du nom de Mary fièrement se parans,
Leur rompent en visière aux yeux des soupirans.
« On en sçait », disent-ils, « prendre ses avantages »,
Et l'aigreur de la Dame à ces sortes d'outrages,
Dont la plaint doucement le complaisant témoin,
Est un camp à pousser les choses assez loin.
En un mot, ce vous est une attente assez belle
Que la sévérité du Tuteur d'Isabelle.

VALÈRE

Mais, depuis quatre mois que je l'ayme ardemment,
Je n'ay pour luy parler pu trouver un moment.

ERGASTE

L'amour rend inventif, mais vous ne l'estes guère,
Et, si j'avois esté...

VALÈRE

Mais qu'aurois-tu pu faire,
Puisque sans ce brutal on ne la voit jamais
Et qu'il n'est là-dedans Servantes ni Valets
Dont, par l'appas flatteur de quelque récompence,
Je puisse pour mes feux ménager l'assistance ?

ERGASTE

Elle ne sçait donc pas encor que vous l'aymez ?

VALÈRE

C'est un point dont mes vœux ne sont point informez.
Par tout où ce farouche a conduit cette Belle,
Elle m'a tousjours veu comme une ombre après elle,
Et mes regards aux siens ont tâché chaque jour
De pouvoir expliquer l'excès de mon amour.
Mes yeux ont fort parlé ; mais qui me peut apprendre
Si leur langage enfin a pu se faire entendre ?

ERGASTE

Ce langage, il est vray, peut estre obscur par fois
S'il n'a pour truchemant l'écriture ou la voix.

VALÈRE

Que faire pour sortir de cette peine extrême
Et sçavoir si la Belle a connu que je l'ayme ?
Dy m'en quelque moyen.

ERGASTE

C'est ce qu'il faut trouver.
Entrons un peu chez vous afin d'y mieux rêver.

ACTE II

SCÈNE PREMIÈRE

ISABELLE, SGANARELLE

SGANARELLE

V A, je sçay la maison, et con-
nois la personne
Aux marques seulement que
ta bouche me donne.

ISABELLE *à part :*

O Ciel, sois moy propice,
et seconde en ce jour
Le stratagème adroit d'une innocente amour !

SGANARELLE

Dis-tu pas qu'on t'a dit qu'il s'appelle Valère ?

ISABELLE

Ouy.

SGANARELLE

Va, sois en repos, r'entre, et me laisse faire ;
Je vais parler sur l'heure à ce jeune étourdy.

ISABELLE

Je fais, pour une Fille, un projet bien hardy,
Mais l'injuste rigueur, dont envers moy l'on use,
Dans tout esprit bien-fait me servira d'excuse.

SCÈNE II

SGANARELLE, ERGASTE, VALÈRE

SGANARELLE

Ne perdons point de temps. C'est icy. — Qui va là ?
— Bon, je rêve. — Holà ! dis-je ; holà, quelqu'un ! holà !
Je ne m'estonne pas, après cette lumière,
S'il y venoit tantost de si douce manière ;
Mais je veux me haster, et de son fol espoir...
Peste soit du gros bœuf, qui, pour me faire choir,
Se vient devant mes pas planter comme une perche !

VALÈRE

Monsieur, j'ay du regret...

SGANARELLE

Ah! C'est vous que je cherche.

VALÈRE

Moy, Monsieur ?

SGANARELLE

Vous. Valère est-il pas vostre nom ?

VALÈRE

Ouy.

SGANARELLE

Je viens vous parler, si vous le trouvez bon.

VALÈRE

Puis-je estre assez heureux pour vous rendre service ?

SGANARELLE

Non. Mais je prétens, moy, vous rendre un bon office,
Et c'est ce qui chez vous prend droit de m'amener.

VALÈRE

Chez moy, Monsieur ?

SGANARELLE

Chez vous. Faut-il tant s'estonner ?

VALÈRE

J'en ay bien du sujet, et mon âme, ravie
De l'honneur...

SGANARELLE

Laissons là cet honneur, je vous prie.

VALÈRE

Voulez-vouz pas entrer ?

SGANARELLE

Il n'en est pas besoin.

VALÈRE

Monsieur, de grâce....

SGANARELLE

Non, je n'iray pas plus loin.

VALÈRE

Tant que vous serez là, je ne puis vous entendre.

SGANARELLE

Moy je n'en veux bouger.

VALÈRE

Eh bien, il faut se rendre.
Viste, puisque Monsieur à cela se résout,
Donnez un siège icy.

SGANARELLE

Je veux parler debout.

VALÈRE

Vous souffrir de la sorte !

SGANARELLE

Ah, contrainte effroyable !

VALÈRE

Cette incivilité seroit trop condamnable.

SGANARELLE

C'en est une, que rien ne sçauroit égaler,
De n'ouyr pas les gens qui veulent nous parler.

VALÈRE

Je vous obéis donc.

SGANARELLE

Vous ne sçauriez mieux faire;
Tant de cérémonie est fort peu nécessaire :
Voulez-vous m'escouter ?

VALÈRE

Sans doute, et de grand cœur.

SGANARELLE

Sçavez-vous, dites moy, que je suis le Tuteur
D'une Fille assez jeune, et passablement belle,
Qui loge en ce cartier, et qu'on nomme Isabelle ?

VI.   5

VALÈRE

Ouy.

SGANARELLE

Si vous le sçavez, je ne vous l'apprens pas.
Mais sçavez-vous aussi, luy trouvant des appas,
Qu'autrement qu'en Tuteur sa personne me touche,
Et qu'elle est destinée à l'honneur de ma couche ?

VALÈRE

Non.

SGANARELLE

Je vous l'apprens donc, et qu'il est à propos
Que vos feux, s'il vous plaist, la laissent en repos.

VALÈRE

Qui ? Moy, Monsieur ?

SGANARELLE

Ouy, vous. Mettons bas toute fein

VALÈRE

Qui vous a dit que j'ay pour elle l'âme atteinte ?

SGANARELLE

Des gens à qui l'on peut donner quelque crédit.

VALÈRE

Mais encor ?

SGANARELLE

Elle-mesme.

VALÈRE

Elle ?

SGANARELLE

Elle. Est-ce assez dit ?
Comme une Fille honneste, et qui m'ayme d'enfance,
Elle vient de m'en faire entière confidence
Et, de plus, m'a chargé de vous donner avis
Que, depuis que par vous tous ses pas sont suivis,
Son cœur, qu'avec excès vostre poursuitte outrage,
N'a que trop de vos yeux entendu le langage ;
Que vos secrets desirs luy sont assez connus,
Et que c'est vous donner des soucis superflus
De vouloir davantage expliquer une flâme,
Qui choque l'amitié que me garde son âme.

VALÈRE

C'est elle, dites-vous, qui, de sa part, vous fait...

SGANARELLE

Ouy, vous venir donner cet avis franc et net,
Et qu'ayant veu l'ardeur dont vostre âme est blessée,
Elle vous eust plutost fait sçavoir sa pensée,
Si son cœur avoit eu, dans son émotion,
A qui pouvoir donner cette commission ;
Mais qu'enfin les douleurs d'une contrainte extrème
L'ont réduite à vouloir se servir de moy-mesme,

Pour vous rendre averty, comme je vous ay dit,
Qu'à tout autre que moy son cœur est interdit;
Que vous avez assez joué de la prunelle,
Et que, si vous avez tant soit peu de cervelle,
Vous prendrez d'autres soins. Adieu, jusqu'au revoir.
Voilà ce que j'avois à vous faire sçavoir.

VALÈRE

Ergaste, que dis-tu d'une telle avanture ?

SGANARELLE

Le voilà bien surpris !

ERGASTE, *à part :*

Selon ma conjecture,
Je tiens qu'elle n'a rien de desplaisant pour vous,
Qu'un mistère assez fin est caché là-dessous,
Et qu'enfin cet avis n'est pas d'une personne
Qui veuille voir cesser l'amour qu'elle vous donne.

SGANARELLE, *à part :*

Il en tient comme il faut.

VALÈRE

Tu crois mistérieux...

ERGASTE

Ouy... mais il nous observe ; ostons-nous de ses yeux.

SGANARELLE

Que sa confusion paroist sur son visage !
Il ne s'attendoit pas, sans doute, à ce message.
Appelons Isabelle. Elle monstre le fruit
Que l'éducation dans une âme produit.
La vertu fait ses soins, et son cœur s'y consomme
Jusques à s'offencer des seuls regards d'un homme.

SCÈNE III

ISABELLE, SGANARELLE

ISABELLE

J'ay peur que cet Amant, plein de sa passion,
N'ait pas de mon advis compris l'intention,
Et j'en veux, dans les fers où je suis prisonnière,
Hazarder un qui parle avec plus de lumière.

SGANARELLE

Me voilà de retour.

ISABELLE

Et bien ?

SGANARELLE

Un plein effet
A suivy tes discours, et ton homme a son fait.
Il me vouloit nier que son cœur fust malade ;

Mais, lors que de ta part j'ay marqué l'embassade,
Il est resté d'abord et muet et confus,
Et je ne pense pas qu'il y revienne plus.

ISABELLE

Ha, que me dites-vous ? J'ay bien peur du contraire,
Et qu'il [ne] nous prépare encor plus d'une affaire.

SGANARELLE

Et sur quoy fondes-tu cette peur que tu dis ?

ISABELLE

Vous n'avez pas esté plutost hors du logis
Qu'ayant, pour prendre l'air, la teste à ma fenestre,
J'ay veu dans ce détour un jeune homme paroistre,
Qui d'abord, de la part de cet impertinent,
Est venu me donner un bonjour surprenant,
Et m'a, droit dans ma chambre, une boëte jettée,
Qui renferme une lettre en poulet cachetée.
J'ay voulu, sans tarder, lui rejetter le tout,
Mais ses pas de la rue avoient gagné le bout,
Et je m'en sens le cœur tout gros de fâcherie.

SGANARELLE

Voyez un peu la ruse et la friponnerie !

ISABELLE

Il est de mon devoir de faire promptement

Reporter boëte et lettre à ce maudit Amant,
Et j'aurois pour cela besoin d'une personne...
Car, d'oser à vous-mesme.....

SGANARELLE

Au contraire, mignonne ;
C'est me faire mieux voir ton amour et ta foy,
Et mon cœur avec joye accepte cet employ.
Tu m'obliges par là plus que je ne puis dire.

ISABELLE

Tenez donc.

SGANARELLE

Bon. Voyons ce qu'il a pu t'écrire.

ISABELLE

Ah, Ciel, gardez-vous bien de l'ouvrir !

SGANARELLE

Et pourquoy ?

ISABELLE

Luy voulez-vous donner à croire que c'est moy ?
Une Fille d'honneur doit tousjours se deffendre
De lire les billets qu'un homme luy fait rendre.
La curiosité qu'on fait lors éclater
Marque un secret plaisir de s'en ouyr conter,
Et je treuve à propos que, toute cachetée,
Cette lettre luy soit promptement reportée,

Afin que d'autant mieux il connoisse aujourd'huy
Le mépris éclatant que mon cœur fait de luy;
Que ses feux désormais perdent toute espérance,
Et n'entreprennent plus pareille extravagance.

SGANARELLE

Certes, elle a raison lors qu'elle parle ainsi.
Va, ta vertu me charme, et ta prudence aussi;
Je vois que mes leçons ont germé dans ton âme,
Et tu te monstres digne enfin d'estre ma Femme.

ISABELLE

Je ne veux pas pourtant gesner votre desir;
La lettre est en vos mains, et vous pouvez l'ouvrir.

SGANARELLE

Non, je n'ay garde. Hélas, tes raisons sont trop bonnes,
Et je vais m'acquitter du soin que tu me donnes,
A quatre pas de là dire en suite deux mots,
Et revenir icy te remettre en repos.

SCÈNE IV

SGANARELLE, ERGASTE

SGANARELLE

Dans quel ravissement est-ce que mon cœur nage,
Lors que je vois en elle une Fille si sage!

C'est un thrésor d'honneur que j'ay dans ma maison.
Prendre un regard d'amour pour une trahison,
Recevoir un poulet comme une injure extrème,
Et le faire au Galand reporter par moy-mesme !
Je voudrois bien sçavoir, en voyant tout cecy,
Si celle de mon Frère en useroit ainsi.
Ma foy, les Filles sont ce que l'on les fait estre.
— Holà !

ERGASTE

Qu'est-ce ?

SGANARELLE

                Tenez. Dites à vostre Maistre
Qu'il ne s'ingère pas d'oser écrire encor
Des lettres, qu'il envoye avec des boëtes d'or,
Et qu'Isabelle en est puissamment irritée.
Voyez; on ne l'a pas au moins décachettée;
Il connoistra l'estat que l'on fait de ses feux,
Et quel heureux succès il doit espérer d'eux.

SCÈNE V

VALÈRE, ERGASTE

VALÈRE

Que vient de te donner cette farouche beste ?

VI.   6

ERGASTE

Cette lettre, Monsieur, qu'avecque cette boëte
On prétend qu'ait reçeue Isabelle de vous,
Et dont elle est, dit-il, en un fort grand courroux ;
C'est sans vouloir l'ouvrir qu'elle vous la fait rendre.
Lisez viste, et voyons si je me puis méprendre.

LETTRE

*Cette lettre vous surprendra sans doute, et l'on peut trouver
bien hardy pour moy, et le dessein de vous l'écrire, et la manière de vous la faire tenir; mais je me voy dans un estat à
ne plus garder de mesures. La juste horreur d'un mariage, dont
je suis menacée dans six jours, me fait hazarder toutes choses,
et, dans la résolution de m'en affranchir par quelque voye que
ce soit, j'ay creu que je devois plustost vous choisir que le désespoir. Ne croyez pas pourtant que vous soyez redevable de tout
à ma mauvaise destinée. Ce n'est pas la contrainte où je me
treuve qui a fait naistre les sentimens que j'ay pour vous, mais
c'est elle qui en précipite le témoignage, et qui me fait passer
sur des formalitez où la bien-séance du Sexe oblige. Il ne tien-
dra qu'à vous que je sois à vous bien-tost, et j'attens seulement
que vous m'ayez marqué les intentions de vostre amour, pour
vous faire sçavoir la résolution que j'ay prise. Mais sur tout,
songez que le temps presse, et que deux cœurs qui s'ayment
doivent s'entendre à demy mot.*

ERGASTE

Hé bien, Monsieur, le tour est-il d'original ?
Pour une jeune Fille, elle n'en sçait pas mal !
De ces ruses d'amour la croiroit-on capable ?.

VALÈRE

Ah, je la trouve là tout à fait adorable !
Ce trait de son esprit, et de son amitié,
Accroist pour elle encor mon amour de moitié
Et joint aux sentimens, que sa beauté m'inspire...

ERGASTE

La dupe vient. Songez à ce qu'il vous faut dire.

SCÈNE VI

SGANARELLE, VALÈRE, ERGASTE

SGANARELLE

O, trois et quatre fois bény soit cet Edit
Par qui des vestemens le luxe est interdit !
Les peines des Maris ne seront plus si grandes,
Et les Femmes auront un frein à leurs demandes.
O, que je sçais au Roy bon gré de ces décris,
Et que, pour le repos de ces mesmes Maris,
Je voudrois bien qu'on fît de la coquetterie

Comme de la guipure et de la broderie !
J'ay voulu l'acheter, l'Edict, expressément
Afin que d'Isabelle il soit leu hautement;
Et ce sera tantost, n'estant plus occupée,
Le divertissement de nostre après-soupée.
— Envoyrez-vous encor, Monsieur aux blons cheveux,
Avec des boëtes d'or, des billets amoureux ?
Vous pensiez bien trouver quelque jeune coquette,
Friande de l'intrigue, et tendre à la fleurette ?
Vous voyez de quel air on reçoit vos joyaux;
Croyez-moy, c'est tirer vostre poudre aux moineaux.
Elle est sage, elle m'ayme, et vostre amour l'outrage;
Prenez visée ailleurs, et troussez-moy bagage.

VALÈRE

Ouy, ouy, vostre mérite, à qui chacun se rend,
Est à mes vœux, Monsieur, un obstacle trop grand,
Et c'est folie à moy, dans mon ardeur fidelle,
De prétendre avec vous à l'amour d'Isabelle.

SGANARELLE

Il est vray. C'est folie.

VALÈRE

                    Aussi n'aurois-je pas
Abandonné mon cœur à suivre ses appas,
Si j'avois pu sçavoir que ce cœur misérable

Dust trouver un Rival comme vous redoutable.

SGANARELLE

Je le croy.

VALÈRE

Je n'ay garde à présent d'espérer ;
Je vous cède, Monsieur, et c'est sans murmurer.

SGANARELLE

Vous faites bien.

VALÈRE

Le droit de la sorte l'ordonne,
Et de tant de vertus brille vostre personne
Que j'aurois tort de voir d'un regard de courroux
Les tendres sentimens qu'Isabelle a pour vous.

SGANARELLE

Cela s'entend.

VALÈRE

Ouy, ouy, je vous quitte la place,
Mais je vous prie au moins, et c'est la seule grâce,
Monsieur, que vous demande un misérable Amant,
Dont vous seul aujourd'huy causez tout le tourment,
Je vous conjure donc d'asseurer Isabelle
Que, si depuis trois mois mon cœur brûle pour elle,
Cette amour est sans tache, et n'a jamais pensé
A rien dont son honneur ait lieu d'estre offencé....

SGANARELLE

Ouy.

VALÈRE

Que, ne dépendant que du choix de mon âme,
Tous mes desseins estoient de l'obtenir pour Femme,
Si les Destins en vous, qui captivez son cœur,
N'opposoient un obstacle à cette juste ardeur....

SGANARELLE

Fort bien.

VALÈRE

     Que, quoy qu'on fasse, il ne luy faut pas croire
Que jamais ses appas sortent de ma mémoire ;
Que, quelque Arrest des Cieux qu'il me faille subir,
Mon sort est de l'aimer jusqu'au dernier soupir
Et que, si quelque chose estoufe mes poursuites,
C'est le juste respect que j'ay pour vos mérites.

SGANARELLE

C'est parler sagement, et je vais, de ce pas,
Luy faire ce discours, qui ne la choque pas ;
Mais, si vous me croyez, tâchez de faire en sorte
Que de vostre cerveau cette passion sorte.
Adieu.

ERGASTE

La dupe est bonne.

SGANARELLE

Il me fait grand pitié,
Ce pauvre mal-heureux tout remply d'amitié ;
Mais c'est un mal pour luy de s'estre mis en teste
De vouloir prendre un fort qui se voit ma conqueste.

SCÈNE VII

SGANARELLE, ISABELLE

SGANARELLE

Jamais Amant n'a fait tant de trouble éclater,
Au poulet renvoyé sans se décacheter.
Il perd toute espérance enfin, et se retire ;
Mais il m'a tendrement conjuré de te dire
Que du moins, en t'aymant, il n'a jamais pensé
A rien dont ton honneur ait lieu d'estre offencé,
Et que, ne dépendant que du choix de son âme,
Tous ses desirs estoient de t'obtenir pour Femme,
Si les Destins en moy, qui captive ton cœur,
N'opposoient un obstacle à cette juste ardeur ;
Que, quoy qu'on puisse faire, il ne te faut pas croire
Que jamais tes appas sortent de sa mémoire ;
Que, quelque Arrest des Cieux qu'il luy faille subir,
Son sort est de t'aymer jusqu'au dernier soupir
Et que, si quelque chose étoufe sa poursuite,

C'est le juste respect qu'il a pour mon mérite.
— Ce sont ses propres mots, et, loin de le blasmer,
Je le trouve honneste homme, et le plains de t'aimer.

ISABELLE *bas :*

Ses feux ne trompent point ma secrette croyance,
Et tousjours ses regards m'en ont dit l'innocence.

SGANARELLE

Que dis-tu ?

ISABELLE

Qu'il m'est dur que vous plaigniez si fort
Un homme que je hays à l'égal de la Mort,
Et que, si vous m'aymiez autant que vous le dites,
Vous sentiriez l'affront que me font les poursuites.

SGANARELLE

Mais il ne sçavoit pas tes inclinations,
Et, par l'honnesteté de ses intentions,
Son amour ne mérite...

ISABELLE

Est-ce les avoir bonnes,
Dites-moy, de vouloir enlever les personnes ?
Est-ce estre homme d'honneur de former des desseins
Pour m'épouser de force, en m'ostant de vos mains ?
Comme si j'estois Fille à supporter la vie

Après qu'on m'auroit fait une telle infamie!

SGANARELLE

Comment ?

ISABELLE

　　Ouy, ouy! J'ay sçeu que ce traistre d'Amant
Parle de m'obtenir par un enlèvement,
Et j'ignore, pour moy, les pratiques secrètes
Qui l'ont instruict si tost du dessein que vous faites
De me donner la main dans huict jours au plus tard,
Puisque ce n'est que d'hier que vous m'en fîtes part ;
Mais il veut prévenir, dit-on, cette journée
Qui doit à vostre sort unir ma destinée.

SGANARELLE

Voilà qui ne vaut rien.

ISABELLE

　　O, que pardonnez-moy,
C'est un fort honneste homme, et qui ne sent pour moy...

SGANARELLE

Il a tort, et cecy passe la raillerie.

ISABELLE

Allez, vostre douceur entretient sa folie.
S'il vous eust veu tantost luy parler vertement,
Il craindroit vos transports, et mon ressentiment ;

VI.   7

Car c'est encore depuis sa lettre méprisée
Qu'il a dit ce dessein, qui m'a scandalisée,
Et son amour conserve, ainsi que je l'ay sçeu,
La croyance qu'il est dans mon cœur bien reçeu,
Que je fuys vostre hymen, quoy que le monde en croye,
Et me verrois tirer de vos mains avec joye.

SGANARELLE

Il est fou.

ISABELLE

Devant vous il sçait se déguiser,
Et son intention est de vous amuser ;
Croyez par ces beaux mots que le traistre vous joue.
Je suis bien mal-heureuse, il faut que je l'avoue,
Qu'avecque tous mes soins pour vivre dans l'honneur
Et rebutter les vœux d'un lasche suborneur,
Il faille estre exposée aux fascheuses surprises
De voir faire sur moy d'infâmes entreprises !

SGANARELLE

Va, ne redoute rien.

ISABELLE

Pour moy, je vous le dy,
Si vous n'éclatez fort contre un trait si hardy,
Et ne trouvez bien-tost moyen de me défaire
Des persécutions d'un pareil téméraire,

J'abandonneray tout, et renonce à l'ennuy
De souffrir les affronts que je reçois de luy.

SGANARELLE

Ne t'afflige point tant. Va, ma petite Femme,
Je m'en vais le trouver, et luy chanter sa gamme.

ISABELLE

Dites-luy bien, au moins, qu'il le nieroit en vain,
Que c'est de bonne part qu'on m'a dit son dessein,
Et qu'après cet avis, quoy qu'il puisse entreprendre,
J'ose le défier de me pouvoir surprendre;
Enfin, que, sans plus perdre et soupirs et momens,
Il doit sçavoir pour vous quels sont mes sentimens,
Et que, si d'un malheur il ne veut estre cause,
Il ne se fasse pas deux fois dire une chose.

SGANARELLE

Je diray ce qu'il faut.

ISABELLE

Mais tout cela d'un ton
Qui marque que mon cœur luy parle tout de bon.

SGANARELLE

Va, je n'oublieray rien; je t'en donne asseurance.

ISABELLE

J'attens vostre retour avec impatience;

Hastez-le, s'il vous plaist, de tout vostre pouvoir.
Je languis, quand je suis un moment sans vous voir.

SGANARELLE

Va, pouponne, mon cœur, je reviens tout à l'heure.
— Est-il une personne et plus sage et meilleure !
Ah, que je suis heureux, et que j'ay de plaisir
De trouver une Femme au gré de mon desir !
Ouy, voilà comme il faut que les Femmes soient faites;
Et non, comme j'en sçay, de ces franches coquettes
Qui s'en laissent conter, et font, dans tout Paris,
Monstrer au bout du doigt leurs honnestes Maris.
— Holà, nostre galant aux belles entreprises !

SCÈNE VIII

VALÈRE, SGANARELLE, ERGASTE

VALÈRE

Monsieur, qui vous rameine en ce lieu ?

SGANARELLE

                         Vos sottises.

VALÈRE

Comment ?

SGANARELLE

     Vous sçavez bien de quoy je veux parler;

Je vous croyois plus sage, à ne vous rien céler.
Vous venez m'amuser de vos belles paroles,
Et conservez sous main des espérances folles.
Voyez-vous, j'ay voulu doucement vous traiter,,
Mais vous m'obligerez à la fin d'éclater.
N'avez-vous point de honte, estant ce que vous estes,
De faire en vostre esprit les projets que vous faites
De prétendre enlever une Fille d'honneur,
Et troubler un hymen, qui fait tout son bon-heur ?

VALÈRE

Qui vous a dit, Monsieur, cette estrange nouvelle ?

SGANARELLE

Ne dissimulons point; je la tiens d'Isabelle,
Qui vous mande par moy, pour la dernière fois,
Qu'elle vous a fait voir assez quel est son choix;
Que son cœur, tout à moy, d'un tel projet s'offence;
Qu'elle mourroit plustost qu'en souffrir l'insolence;
Et que vous causerez de terribles éclats
Si vous ne mettez fin à tout cet embarras.

VALÈRE

S'il est vray qu'elle ait dit ce que je viens d'entendre,
J'avoueray que mes feux n'ont plus rien à prétendre;
Par ces mots assez clairs je voy tout terminé,
Et je dois révérer l'Arrest qu'elle a donné.

SGANARELLE

Si... Vous en doutez donc, et prenez pour des feintes
Tout ce que, de sa part, je vous ay fait de plaintes ?
Voulez-vous qu'elle-mesme elle explique son cœur ?
J'y consens volontiers pour vous tirer d'erreur.
Suivez-moy.; vous verrez s'il est rien que j'avance,
Et si son jeune cœur entre nous deux balance.

SCÈNE IX

ISABELLE, SGANARELLE, VALÈRE

ISABELLE

Quoy ! Vous me l'amenez ! Quel est vostre dessein ?
Prenez-vous contre moy ses intérests en main ?
Et voulez-vous, charmé de ses rares mérites,
M'obliger à l'aymer et souffrir ses visites !

SGANARELLE

Non, mamie, et ton cœur pour cela m'est trop cher,
Mais il prend mes avis pour des contes en l'air,
Croit que c'est moy qui parle et te fais, par adresse,
Pleine pour luy de hayne, et pour moy de tendresse,
Et par toy-mesme enfin j'ay voulu, sans retour,
Le tirer d'une erreur qui nourrit son amour.

ISABELLE

Quoy ! Mon âme à vos yeux ne se monstre pas toute,

Et de mes vœux encor vous pouvez estre en doute ?

VALÈRE

Ouy, tout ce que Monsieur de vostre part m'a dit,
Madame, a bien pouvoir de surprendre un esprit.
J'ay douté, je l'avoue, et cet Arrest suprème,
Qui décide du sort de mon amour extrème,
Doit m'estre assez touchant pour ne pas s'offencer
Que mon cœur par deux fois le fasse prononcer.

ISABELLE

Non, non, un tel Arrest ne doit pas vous surprendre;
Ce sont mes sentimens qu'il vous a fait entendre,
Et je les tiens fondez sur assez d'équité
Pour en faire éclater toute la vérité.
Ouy, je veux bien qu'on sçache, et j'en dois estre creue,
Que le Sort offre icy deux objets à ma veue,
Qui, m'inspirant pour eux différens sentimens,
De mon cœur agité font tous les mouvemens.
L'un, par un juste choix, où l'honneur m'intéresse,
A toute mon estime et toute ma tendresse;
Et l'autre, pour le prix de son affection,
A toute ma colère et mon aversion.
La présence de l'un m'est agréable et chère;
J'en reçois dans mon âme une allégresse entière,
Et l'autre, par sa veue, inspire dans mon cœur
De secrets mouvemens et de hayne et d'horreur.

Me voir Femme de l'un est toute mon envie,
Et, plutost qu'estre à l'autre, on m'osteroit la vie.
Mais c'est assez monstrer mes justes sentimens
Et trop long-temps languir dans ces rudes tourmens;
Il faut que ce que j'ayme, usant de diligence,
Fasse à ce que je hays perdre toute espérance,
Et qu'un heureux hymen affranchisse mon sort
D'un suplice, pour moy plus affreux que la mort....

                    SGANARELLE

Ouy, mignonne, je songe à remplir ton attente.

                    ISABELLE

C'est l'unique moyen de me rendre contente.

                    SGANARELLE

Tu la seras dans peu.

                    ISABELLE

                              Je sçay qu'il est honteux
Aux Filles d'expliquer si librement leurs vœux.

                    SGANARELLE

Point, point.

                    ISABELLE

                    Mais, en l'estat où sont mes destinées,
De telles libertez doivent m'estre données,
Et je puis, sans rougir, faire un aveu si doux

A celuy que desjà je regarde en Espoux.

SGANARELLE

Ouy, ma pauvre fanfan, pouponne de mon âme!

ISABELLE

Qu'il songe donc, de grâce, à me prouver sa flâme....

SGANARELLE

Ouy, tien, baise ma main.

ISABELLE

Que, sans plus de soupirs
Il conclue un hymen, qui fait tous mes desirs,
Et reçoive en ce lieu la foy que je luy donne
De n'écouter jamais les vœux d'autre personne.

SGANARELLE

Hay, hay, mon petit nez, pauvre petit bouchon,
Tu ne languiras pas long-temps, je t'en répon.
Va, chut! — Vous le voyez; je ne luy fay pas dire;
Ce n'est qu'après moy seul que son âme respire.

VALÈRE

Et bien, Madame, et bien, c'est s'expliquer assez;
Je voy, par ce discours, de quoy vous me pressez,
Et je sçauray dans peu vous oster la présence
De celuy qui vous fait si grande violence.

VI.   8

ISABELLE

Vous ne me sçauriez faire un plus charmant plaisir,
Car enfin cette veue est facheuse à souffrir ;
Elle m'est odieuse, et l'horreur est si forte...

SGANARELLE

Eh, eh !

ISABELLE

        Vous offencé-je, en parlant de la sorte ?
Fais-je...

SGANARELLE

        Mon Dieu, nenny ; je ne dis pas cela,
Mais je plains, sans mentir, l'estat où le voilà,
Et c'est trop hautement que ta hayne se monstre.

ISABELLE

Je n'en puis trop monstrer en pareille rencontre.

VALÈRE

Ouy, vous serez contente, et dans trois jours vos yeux
Ne verront plus l'objet qui vous est odieux.

ISABELLE

A la bonne heure. Adieu.

SGANARELLE

              Je plains vostre infortune,
Mais...

VALÈRE

        Non, vous n'entendrez de mon cœur plainte aucune ;

Madame, asseurément, rend justice à tous deux,
Et je vais travailler à contenter ses vœux.
Adieu.

SGANARELLE

Pauvre garçon! Sa douleur est extrème.
Tenez, embrassez-moy; c'est un autre elle-même!

SCÈNE X

ISABELLE, SGANARELLE

SGANARELLE

Je le tiens fort à plaindre.

ISABELLE

Allez, il ne l'est point.

SGANARELLE

Au reste, ton amour me touche au dernier point,
Mignonnette, et je veux qu'il ait sa récompense.
C'est trop que de huict jours pour ton impatience;
Dès demain je t'épouse, et n'y veux apeller...

ISABELLE

Dès demain?

SGANARELLE

Par pudeur tu feins d'y reculer,
Mais je sçay bien la joye où ce discours te jette,

Et tu voudrois déjà que la chose fût faite.

ISABELLE

Mais...

SGANARELLE

Pour ce mariage allons tout préparer.

ISABELLE

O Ciel, inspire-moy ce qui peut le parer.

ACTE III

SCÈNE PREMIÈRE

ISABELLE

UY, le trespas cent fois me
semble moins à craindre
Que cet hymen fatal où l'on
veut me contraindre,
Et tout ce que je fais pour
en fuyr les rigueurs
Doit trouver quelque grâce
auprès de mes censeurs.
Le temps presse. Il fait nuict. Allons, sans crainte aucune,
A la foy d'un Amant commettre ma fortune.

SCÈNE II

SGANARELLE, ISABELLE

SGANARELLE

Je reviens, et l'on va pour demain de ma part...

ISABELLE

O Ciel !

SGANARELLE

         C'est toy, mignonne ! Où vas-tu donc si tard ?
Tu disois qu'en ta chambre, estant un peu lassée,
Tu t'allois renfermer, lors que je t'ay laissée,
Et tu m'avois prié mesme que mon retour
T'y souffrist en repos jusques à demain jour.

ISABELLE

Il est vray. Mais...

SGANARELLE

      Et quoy ?

ISABELLE

            Vous me voyez confuse,
Et je ne sçay comment vous en dire l'excuse.

SGANARELLE

Quoy donc ? Que pourroit-c'estre !

ISABELLE

Un secret surprenant..

C'est ma Sœur, qui m'oblige à sortir maintenant
Et qui, pour un dessein dont je l'ay fort blasmée,
M'a demandé ma chambre, où je l'ay renfermée.

SGANARELLE

Comment ?

ISABELLE

L'eust-on pu croire ? Elle ayme cet Amant
Que nous avons banny.

SGANARELLE

Valère ?

ISABELLE

Éperdument.

C'est un transport si grand qu'il n'en est point de mesme,
Et vous pouvez juger de sa puissance extrème
Puisque, seule, à cette heure, elle est venue icy
Me descouvrir à moy son amoureux soucy ;
Me dire absolument qu'elle perdra la vie
Si son âme n'obtient l'effet de son envie ;
Que, depuis plus d'un an, d'assez vives ardeurs
Dans un secret commerce entretenoient leurs cœurs,
Et que mesme ils s'estoient, leur flâme estant nouvelle,
Donné de s'espouser une foy mutuelle....

SGANARELLE

La vilaine !

ISABELLE

Qu'ayant appris le désespoir
Où j'ay précipité celuy qu'elle ayme à voir,
Elle vient me prier de souffrir que sa flâme
Puisse rompre un départ qui luy perceroit l'âme;
Entretenir ce soir cet Amant, sous mon nom,
Par la petite rue où ma chambre respond;
Luy peindre, d'une voix qui contrefait la mienne,
Quelques doux sentiments, dont l'appas le retienne,
Et mesnager enfin pour elle adroitement
Ce que pour moy l'on sçait qu'il a d'attachement.

SGANARELLE

Et tu trouves cela...

ISABELLE

Moy ? J'en suis courroucée.
Quoy, ma Sœur, ay-je dit, estes-vous insensée ?
Ne rougissez-vous point d'avoir pris tant d'amour
Pour ces sortes de gens, qui changent chaque jour;
D'oublier vostre Sexe, et tromper l'espérance
D'un homme dont le Ciel vous donnoit l'alliance ?

SGANARELLE

Il le mérite bien, et j'en suis fort ravy.

ISABELLE

Enfin, de cent raisons mon despit s'est servy

Pour luy bien reprocher des bassesses si grandes
Et pouvoir cette nuict rejetter ses demandes;
Mais elle m'a fait voir de si pressans desirs,
A tant versé de pleurs, tant poussé de soupirs,
Tant dit qu'au désespoir je porterois son âme,
Si je luy refusois ce qu'exige sa flâme,
Qu'à céder, malgré moy, mon cœur s'est veu réduit,
Et, pour justifier cette intrigue de nuict
Où me faisoit du sang relascher la tendresse,
J'allois faire avec moy venir coucher Lucrèce,
Dont vous me vantez tant les vertus chaque jour;
Mais vous m'avez surprise avec ce prompt retour.

SGANARELLE

Non, non; je ne veux point chez moy tout ce mistère;
J'y pourrois consentir à l'égard de mon Frère,
Mais on peut estre veu de quelqu'un de dehors,
Et celle, que je dois honnorer de mon corps,
Non-seulement doit estre et pudique et bien née;
Il ne faut pas que mesme elle soit soupçonnée.
Allons chasser l'infâme, et de sa passion...

ISABELLE

Ah, vous luy donneriez trop de confusion,
Et c'est avec raison qu'elle pourroit se plaindre
Du peu de retenue où j'ay sçeu me contraindre.
Puisque de son dessein je dois me départir,

VI.   9

Attendez que du moins je la fasse sortir.

SGANARELLE

Eh bien, fais.

ISABELLE

Mais sur tout, cachez-vous, je vous prie,
Et, sans luy dire rien, daignez voir sa sortie.

SGANARELLE

Ouy, pour l'amour de toy je retiens mes transports,
Mais, dès le mesme instant qu'elle sera dehors,
Je veux, sans différer, aller trouver mon Frère ;
J'auray joye à courir luy dire cette affaire.

ISABELLE

Je vous conjure donc de ne me point nommer...
Bon soir, car tout d'un temps je vais me renfermer.

SGANARELLE

Jusqu'à demain, ma mie. — En quelle impatience
Suis-je de voir mon Frère, et luy conter sa chance !
Il en tient, le bon homme, avec tout son Phœbus,
Et je n'en voudrois pas tenir vingt bons escus.

ISABELLE *dans la maison :*

Ouy, de vos déplaisirs l'atteinte m'est sensible,
Mais ce que vous voulez, ma Sœur, m'est impossible ;
Mon honneur, qui m'est cher, y court trop de hazard.
Adieu. Retirez-vous, avant qu'il soit plus tard.

SGANARELLE

La voilà, qui, je croy, peste de belle sorte ;
De peur qu'elle revinst, fermons à clef la porte.

ISABELLE

O Ciel, dans mes desseins ne m'abandonnez pas !

SGANARELLE

Où pourra-t'elle aller ? Suivons un peu ses pas.

ISABELLE

Dans mon trouble, du moins, la nuict me favorise.

SGANARELLE

Au logis du Galant ! Quelle est son entreprise ?

SCÈNE III

VALÈRE, SGANARELLE, ISABELLE

VALÈRE

Ouy, ouy, je veux tenter quelque effort cette nuict
Pour parler... Qui va là ?

ISABELLE

                    Ne faites point de bruit,
Valère ; on vous prévient, et je suis Isabelle.

SGANARELLE

Vous en avez menty, chienne ! Ce n'est pas elle.

De l'honneur, que tu fuys, elle suit trop les loix,
Et tu prens faussement, et son nom, et sa voix.

ISABELLE

Mais, à moins de vous voir par un saint hyménée...

VALÈRE

Ouy, c'est l'unique but où tend ma destinée,
Et je vous donne icy ma foy que, dès demain,
Je vais où vous voudrez recevoir vostre main.

SGANARELLE

Pauvre sot qui s'abuse !

VALÈRE

          Entrez en asseurance.
De vostre Argus dupé je brave la puissance,
Et, devant qu'il vous pust oster à mon ardeur,
Mon bras de mille coups luy perceroit le cœur.

SGANARELLE

Ah, je te promets bien que je n'ay pas envie
De te l'oster, l'infâme à ses feux asservie;
Que du don de ta foy je ne suis point jaloux,
Et que, si j'en suis creu, tu seras son espoux.
Ouy, faisons-le surprendre avec cette effrontée.
La mémoire du Père, à bon droit respectée,
Jointe au grand intérest que je prens à la Sœur,

Veut que du moins on tâche à luy rendre l'honneur.
— Holà !

SCÈNE IV

SGANARELLE, LE COMMISSAIRE,
NOTAIRE et Suite

LE COMMISSAIRE

Qu'est-ce ?

SGANARELLE

Salut, Monsieur le Commissaire ;
Vostre présence en robe est icy nécessaire.
Suivez moy, s'il vous plaist, avec vostre clarté.

LE COMMISSAIRE

Nous sortions...

SGANARELLE

Il s'agit d'un fait assez hasté....

LE COMMISSAIRE

Quoy ?

SGANARELLE

D'aller là-dedans, et d'y surprendre ensemble
Deux personnes, qu'il faut qu'un bon hymen assemble.
C'est une Fille à nous, que, sous un don de foy,
Un Valère a séduite et fait entrer chez soy.
Elle sort de famille, et noble, et vertueuse,

Mais...

LE COMMISSAIRE

    Si c'est pour cela, la rencontre est heureuse,
Puisqu'icy nous avons un Notaire.

SGANARELLE

            Monsieur ?

LE NOTAIRE

Ouy, Notaire Royal.

LE COMMISSAIRE

   De plus, homme d'honneur.

SGANARELLE

Cela s'en va sans dire. Entrez dans cette porte,
Et sans bruit ayez l'œil que personne n'en sorte.
Vous serez pleinement contenté de vos soins,
Mais ne vous laissez pas graisser la pate au moins,

LE COMMISSAIRE

Comment ? Vous croyez donc qu'un homme de Justice...

SGANARELLE

Ce que j'en dis n'est pas pour taxer vostre Office.
Je vais faire venir mon Frère promptement :
Faites que le flambeau m'éclaire seulement.
Je vais le réjouir, cet homme sans colère.
— Holà !

SCÈNE V

ARISTE, SGANARELLE

ARISTE

Qui frappe ? Ah, ah, que voulez-vous, mon Frère ?

SGANARELLE

Venez, beau Directeur, suranné Damoizeau !
On veut vous faire voir quelque chose de beau.

ARISTE

Comment ?

SGANARELLE

Je vous apporte une bonne nouvelle.

ARISTE

Quoy ?

SGANARELLE

Vostre Léonor, où, je vous prie, est-elle ?

ARISTE

Pourquoy cette demande ? Elle est, comme je croy,
Au Bal, chez son amie.

SGANARELLE

Eh, ouy, ouy. Suivez-moy ;
Vous verrez à quel Bal la donzelle est allée.

ARISTE

Que voulez-vous conter ?

SGANARELLE

       Vous l'avez bien stylée :
« Il n'est pas bon de vivre en sévère censeur ;
On gagne les esprits par beaucoup de douceur,
Et les soins deffians, les verroux, et les grilles,
Ne font pas la vertu des Femmes, ny des Filles ;
Nous les portons au mal par tant d'austérité,
Et leur Sexe demande un peu de liberté. »
Vrayment elle en a pris tout son soû, la rusée,
Et la vertu chez elle est fort humanisée.

ARISTE

Où veut donc aboutir un pareil entretien ?

SGANARELLE

Allez, mon Frère aisné, cela vous sied fort bien,
Et je ne voudrois pas, pour vingt bonnes pistolles,
Que vous n'eussiez ce fruict de vos maximes folles.
On voit ce qu'en deux Sœurs nos leçons ont produit ;
L'une fuit ce Galant, et l'autre le poursuit.

ARISTE

Si vous ne me rendez cette énigme plus claire...

SGANARELLE

L'énigme est que son Bal est chez Monsieur Valère ;

Que de nuict je l'ay veue y conduire ses pas,
Et qu'à l'heure présente elle est entre ses bras.

ARISTE

Qui ?

SGANARELLE

Léonor.

ARISTE

Cessons de railler, je vous prie.

SGANARELLE

Je raille !... Il est fort bon avec sa raillerie.
Pauvre esprit, je vous dis, et vous redis encor
Que Valère chez luy tient vostre Léonor,
Et qu'ils s'estoient promis une foy mutuelle
Avant qu'il eust songé de poursuivre Isabelle.

ARISTE

Ce discours d'apparence est si fort dépourveu...

SGANARELLE

Il ne le croira pas encor en l'ayant veu ;
J'enrage. Par ma foy, l'âge ne sert de guère
Quand on n'a pas cela...

ARISTE

Quoy ? Vous voulez, mon Frère...

SGANARELLE

Mon Dieu, je ne veux rien ; suivez-moy seulement.
Vostre esprit tout à l'heure aura contentement ;

VI.   10

Vous verrez si j'impose, et si leur foy donnée
N'avoit pas joint leurs cœurs depuis plus d'une année.

ARISTE

L'apparence qu'ainsi, sans m'en faire avertir,
A cet engagement elle eust pu consentir,
Moy, qui dans toute chose ay, depuis son enfance,
Monstré tousjours pour elle entière complaisance,
Et qui cent fois ay fait des protestations
De ne jamais gesner ses inclinations!

SGANARELLE

Enfin, vos propres yeux jugeront de l'affaire.
J'ay fait venir desjà Commissaire et Notaire;
Nous avons intérests que l'hymen prétendu
Répare sur le champ l'honneur qu'elle a perdu,
Car je ne pense pas que vous soyez si lâche
De vouloir l'épouser avecque cette tache,
Si vous n'avez encor quelques raisonnemens
Pour vous mettre au dessus de tous les bernemens.

ARISTE

Moy! Je n'auray jamais cette foiblesse extrême
De vouloir posséder un cœur malgré luy-mesme,
Mais je ne sçaurois croire enfin...

SGANARELLE

Que de discours!

Allons ; ce procez-là continûroit toujours.

SCÈNE VI

LE COMMISSAIRE, LE NOTAIRE,
SGANARELLE, ARISTE

LE COMMISSAIRE

Il ne faut mettre icy nulle force en usage,
Messieurs, et, si vos vœux ne vont qu'au mariage,
Vos transports en ce lieu se peuvent appaiser.
Tous deux également tendent à s'épouser,.
Et Valère desjà, sur ce qui vous regarde,
A signé que pour Femme il tient celle qu'il garde.

ARISTE

La Fille...

LE COMMISSAIRE

Est renfermée, et ne veut point sortir
Que vos desirs aux leurs ne veuillent consentir.

SCÈNE VII

LE COMMISSAIRE, VALÈRE, LE NOTAIRE,
SGANARELLE, ARISTE

VALÈRE *à la fenestre :*

Non, Messieurs, et personne icy n'aura l'entrée

Que cette volonté ne m'ait esté monstrée.
Vous sçavez qui je suis, et j'ay fait mon devoir
En vous signant l'aveu qu'on peut vous faire voir.
Si c'est votre dessein d'approuver l'alliance,
Vostre main peut aussi m'en signer l'asseurance ;
Sinon, faites estat de m'arracher le jour
Plustost que de m'oster l'objet de mon amour.

SGANARELLE

Non, nous ne songeons pas à vous séparer d'elle.
— Il ne s'est point encor détrompé d'Isabelle ;
Profitons de l'erreur.

ARISTE

Mais, est-ce Léonor...

SGANARELLE

Taisez-vous.

ARISTE

Mais...

SGANARELLE

Paix donc.

ARISTE

Je veux sçavoir...

SGANARELLE

Encor ?

Vous tairez-vous, vous dy-je.

VALÈRE

Enfin, quoy qu'il avienne,

Isabelle a ma foy. J'ay de mesme la sienne,
Et ne suis point un choix, à tout examiner,
Que vous soyez reçeus à faire condamner.

ARISTE

Ce qu'il dit là n'est pas...

SGANARELLE

Taisez-vous et pour cause ;
Vous sçaurez le secret. — Ouy, sans dire autre chose,
Nous consentons tous deux que vous soyez l'espoux
De celle qu'à présent on trouvera chez vous.

LE COMMISSAIRE

C'est dans ces termes-là que la chose est conçeue,
Et le nom est en blanc pour ne l'avoir point veue.
Signez. La Fille après vous mettra tous d'accord.

VALÈRE

J'y consens de la sorte.

SGANARELLE

Et moy, je le veux fort.
— Nous rirons bien tantost. — Là, signez donc, mon Frère ;
L'honneur vous appartient.

ARISTE

Mais quoy ? Tout ce mistère...

SGANARELLE

Diantre, que de façons ! Signez, pauvre butor.

ARISTE

Il parle d'Isabelle, et vous de Léonor.

SGANARELLE

N'estes-vous pas d'accord, mon Frère, si c'est elle,
De les laisser tous deux à leur foy mutuelle ?

ARISTE

Sans doute.

SGANARELLE

Signez donc. J'en fais de mesme aussi.

ARISTE

Soit. Je n'y comprens rien.

SGANARELLE

Vous serez éclaircy.

LE COMMISSAIRE

Nous allons revenir.

SGANARELLE

Or çà, je vais vous dire
La fin de cette intrigue....

SCÈNE VIII

LÉONOR, LISETTE, SGANARELLE, ARISTE

LÉONOR

O l'estrange martyre !

Que tous ces jeunes foux me paroissent fascheux !
Je me suis dérobée au Bal, pour l'amour d'eux...

LISETTE

Chacun d'eux près de vous veut se rendre agréable.

LÉONOR

Et moy, je n'ay rien veu de plus insuportable,
Et je préférerois le plus simple entretien
A tous les contes bleus de ces discours de rien.
Ils croyent que tout cède à leur perruque blonde,
Et pensent avoir dit le meilleur mot du monde
Lors qu'ils viennent, d'un ton de mauvais goguenard,
Vous railler sottement sur l'amour d'un vieillard.
Et moy, d'un tel vieillard je prise plus le zèle
Que tous les beaux transports d'une jeune cervelle.
Mais n'aperçois-je pas...

SGANARELLE

Ouy, l'affaire est ainsi.
Ah, je la vois paroistre, et la Servante aussi !

ARISTE

Léonor, sans courroux, j'ay sujet de me plaindre.
Vous sçavez si jamais j'ay voulu vous contraindre
Et si plus de cent fois je n'ay pas protesté
De laisser à vos vœux leur pleine liberté ;
Cependant vostre cœur, méprisant mon suffrage,

De foy, comme d'amour, à mon insçeu s'engage.
Je ne me repens pas de mon doux traitement,
Mais vostre procédé me touche assurément,
Et c'est une action que n'a pas méritée
Cette tendre amitié que je vous ay portée.

LÉONOR

Je ne sçay pas sur quoy vous tenez ce discours,
Mais croyez que je suis de mesme que tousjours ;
Que rien ne peut pour vous altérer mon estime ;
Que toute autre amitié me paroistroit un crime,
Et que, si vous voulez satisfaire mes vœux,
Un sainct nœu, dès demain, nous unira nous deux.

ARISTE

Dessus quel fondement venez-vous donc, mon Frère...

SGANARELLE

Quoy ! Vous ne sortez pas du logis de Valère ?
Vous n'avez point conté vos amours aujourd'huy,
Et vous ne bruslez pas, depuis un an, pour luy ?

LÉONOR

Qui vous a fait de moy de si belles peintures,
Et prend soin de forger de telles impostures ?

SCÈNE IX

ISABELLE, VALÈRE, LE COMMISSAIRE,
LE NOTAIRE, ERGASTE, LISETTE, LÉONOR,
SGANARELLE, ARISTE

ISABELLE

Ma Sœur, je vous demande un généreux pardon
Si de mes libertez j'ay taché vostre nom.
Le pressant embarras d'une surprise extrème
M'a tantost inspiré ce honteux stratagème;
Vostre exemple condamne un tel emportement,
Mais le Sort nous traita nous deux diversement.
— Pour vous, je ne veux point, Monsieur, vous faire excuse;
Je vous sers beaucoup plus que je ne vous abuse;
Le Ciel pour estre joints ne nous fit pas tous deux.
Je me suis reconnue indigne de vos vœux,
Et j'ay bien mieux aymé me voir aux mains d'un autre
Que ne pas mériter un cœur comme le vostre.

VALÈRE

Pour moy, je mets ma gloire et mon bien souverain
A la pouvoir, Monsieur, tenir de vostre main.

ARISTE

Mon Frère, doucement il faut boire la chose.
D'une telle action vos procédez sont cause,

VI.   11

PRIVILÈGE DU ROY

LOUIS, par la grâce de Dieu Roy de France et de Navarre, à nos amez et féaux Conseillers, les Gens tenans nos Cours de Parlement, Maistre des Requestes de nostre Hostel, Baillifs, Seneschaux, leurs Lieutenans, et tous autres nos Officiers et Justiciers qu'il appartiendra, SALUT.

Nostre amé, Jean-Baptiste Pocquelin de Moliers, Comédien de la Troupe de nostre très-cher et très-amé Frère unique, le Duc d'Orléans, Nous a fait exposer qu'il auroit depuis peu composé pour nostre divertissement une Pièce de Théâtre en trois actes, intitulée *L'Escole des Maris*, qu'il desireroit faire imprimer; mais, parce qu'il seroit arrivé qu'en ayant cy-devant composé quelques autres, aucunes d'icelles auroient esté prises et transcrites par des particuliers, qui les auroient fait imprimer, vendre et débiter, en vertu des Lettres de Privilèges qu'ils auroient surprises en nostre grande Chancellerie à son préjudice et dommage, pour raison de quoy il y auroit eu Instance, en nostre Conseil, jugée, à l'encontre d'un nommé Ribou, Libraire-Imprimeur, en faveur de l'Exposant, lequel, craignant que celle-cy ne luy soit pareillement prise et que par ce moyen il ne soit privé du fruict qu'il en pourroit retirer, Nous auroit requis luy accorder nos Lettres, avec les Deffences sur ce nécessaires.

A ces causes, desirant favorablement traiter l'Exposant, Nous avons permis et permettons par ces Présentes de faire imprimer, vendre et débiter, en tous les lieux de nostre Royaume, la susdite Pièce, en telles volumes, marques et caractères que bon luy semblera, durant l'espace de sept années, à commencer du jour qu'elle sera achevée d'imprimer pour la première fois, à condition qu'il en sera mis deux exemplaires en nostre Bibliotèque publique, en celle de nostre Cabinet du Chasteau du Louvre, comme aussi une en celle de nostre très-cher et féal le Sieur Séguier, Chevalier, Chancelier de France, avant que de les exposer en vente, à peine de nullité; faisans deffences

PRIVILÈGE DU ROY

très expresses à toutes personnes, de quelque qualité et condition qu'elles soient, d'imprimer, faire imprimer, vendre ny débiter la susdite Pièce en aucun lieu de nostre obéis-
sance durant le temps, sous quelque tiltre ou prétexte que ce soit, sans le consentement
de l'Exposant, à peine de confiscation des exemplaires, quinze cens livres d'amande,
applicable un tiers à l'Hospital Général, un tiers au dénonciateur, et l'autre au dit
Exposant, et de tous despens, dommages et intérests ;

Voulons, en outre, qu'aux coppies des Présentes, collationnées par l'un de nos amez
et féaux Secrétaires, foy soit adjoustée comme à l'Original ; Commandons au premier
nostre Huissier, ou Sergent, sur ce requis, faire, pour l'exécution des Présentes, tous
Exploits nécessaires, sans pour ce demander autre permission, Car tel est nostre
plaisir.

Donné à Fontainebleau le neufiesme jour de Juillet, l'an de grâce mil six cent
soixante et un, et de nostre Règne le dix-neufiesme.

Par le Roy en son Conseil : Renouard.

*Ledit Sieur de Moliers a cédé et transporté son Privilège à Charles de Sercy, Marchand
Libraire à Paris, pour en jouyr selon l'accord fait entr'eux.*

Et ledit de Sercy a associé audit Privilège Guillaume de Luyne, Jean Guignard,
Claude Barbin et Gabriel Quinet, aussi Marchands Libraires, pour en jouyr ensemble-
ment, suivant l'accord fait entr'eux.

Registré, sur le Livre de la Communauté, suivant l'Arrest de la Court du Parlement.

Signé : Dubray, Syndic.

Achevé d'imprimer le 20 Aoust 1661.

L'ESCOLE DES MARIS

EXPLICATION DES PLANCHES

Faux-Titre. — En bas, dans un cadre en hauteur, un souvenir réduit de la planche de l'édition originale de 1661, suivie par P. Brissard dans l'édition de 1682. C'est la situation de la neuvième scène du second acte, qu'on retrouvera dans la grande composition. Le cadre sert de socle et de piédestal à un enfant, nu et debout, qui, en appuyant ses coudes sur une tablette de marbre en largeur, sur laquelle se trouve le titre de la Piéce, cache sa figure derrière un grand masque de Satyre, au travers duquel il regarde. Au-dessus, une bande cintrée se couronne des armoiries de Monsieur, Frère du Roi, à qui la Piéce est dédiée : de France, au lambel d'argent de trois pendants, qui est Orléans. Des deux côtés de la tablette du titre, un petit Amour, assis sur la naissance d'un rinceau qui s'épanouit en feuillages.

Notice. — En-tête. Bande ornementale. A droite et à gauche, un panier suspendu et rempli de fleurs; au centre, dans un losange en largeur, un oranger dans un vase.

— Lettre L. Vase rempli de roses.

— Cul de lampe. Panier de fleurs, porté par une tête de Satyre barbu. La tablette, sur laquelle pose le panier, s'épanouit en rinceaux, terminés, à droite et à gauche, par deux consoles, sur lesquelles sont posés deux pigeons qui se font pendant.

LA GRANDE COMPOSITION. — La rue devant la maison de Sganarelle. Pendant qu'il serre contre son cœur Isabelle, dont il tient une des mains, et qu'il lui dit :

> *Hay, hay, mon petit nez, pauvre petit bouchon,*
> *Tu ne languiras pas long-temps, je t'en répon* (Acte II, Scène IX, vers 769-70),

Isabelle passe son autre main derrière le dos du barbon, pour la donner à Valére, qui, le chapeau à la main et très incliné, la tient du bout de sa main droite, et en approche les doigts de ses lèvres pour y déposer le baiser de fiançailles.

CADRE DU TITRE. — Les montants latéraux commencent en bas par un groupe de Faunesse et de Satyre, posés sur la boule du Monde ; au-dessus, une femme ailée, se terminant en rinceaux, supporte un cadre à pans coupés couronné d'une tête de vieillard, sur laquelle sont assis deux Satyres enfants, et le montant se termine, au-dessus d'une tige épanouie, par un blason, qui se relie à la bande supérieure, sommée au centre d'une couronne fleurdelysée. Les armoiries de dextre sont celles de MONSIEUR, de senestre celles de MADAME, au un et quatre de France, au deux et trois de gueules à trois lions léopardés d'or, l'un sur l'autre, qui est Angleterre. Dans les médaillons, d'un côté Sganarelle, en buste, de l'autre, Isabelle, aussi en buste, mettant sa lettre dans la boîte d'or. Sur des cartels à fonds noirs, on lit en lettres blanches : à gauche, TÉRENCE et ADELPHES ; à droite, BOCCACE et DÉCAMÉRON, les deux sources dont Molière s'est servi pour des détails de sa Comédie.

DÉDICACE. — En-tête. Un médaillon, sommé d'une couronne fleur-delysée, avec le portrait de MONSIEUR, en buste et tourné à droite.

— Lettre J. Un lambel de trois pendants, supportant une sorte de table à deux pieds, sur laquelle est assis un petit Amour ailé, tenant une plume et un livre ; il pose la main droite sur un collier de perles et sur un miroir à main, accrochés à la haste de la lettre.

— Cul de lampe. Les armes de MONSIEUR, timbrées d'une couronne fleurdelysée et entourées des deux colliers des Ordres du Roi, le Saint-Michel et le Saint-Esprit. Dans les rinceaux, deux branches de lauriers, deux tiges de lys en fleur, et, à droite et à gauche, un homme jeune, en costume du temps, tenant et lisant la Pièce.

CADRE DES PERSONNAGES. — Cadre ornemental, dont les montants sont chargés de lambels d'Orléans, alternés avec les fleurs de lys de France. En bas, au-dessous des armoiries de MONSIEUR, un cadre en largeur, dans lequel un Amour soulève le rideau de la porte de sa maison pour inviter à y entrer une jeune fille voilée, pendant que le jaloux dupé reste caché derrière une colonne sans s'apercevoir que c'est précisément celle dont il voulait faire sa Femme. C'est la traduction à l'antique de l'*Entrez en assurance* de Valère à Isabelle. (Acte III, Scène III, vers 907.)

ACTE I. — Des deux côtés du titre de la Pièce, les deux Frères, avec les costumes détaillés dans leur dialogue de la première Scène. A gauche, Sganarelle, en vieux costume, avec un bonnet aplati en forme de béret, un pourpoint très long et fermé, de larges hauts-de-chausses serrés au genou, et de grands souliers plats. A droite, le sage Ariste, qui trouve honnête de ne pas lutter contre les changements de la mode, a sur la tête une perruque noire, un chapeau de feutre haut de forme et à grands bords, et, comme vêtement, un grand collet sur un petit pourpoint en forme de veste et se perdant sous les bras, une jupe en tonnelet sur un haut-de-chausses garni de canons, et de mignons souliers à hauts talons et garnis de nœuds de rubans; il a sur les épaules un petit manteau et tient à la main une longue canne. En haut les armes de Monsieur; sur les rinceaux latéraux, deux Satyres enfants, à pieds de chèvre, tenant, l'un une flûte de Pan et l'autre une flûte droite.

— Lettre M. Devant une balustrade, Sganarelle, entre Valère et Ergaste qui le saluent avec une exquise politesse, se dit à lui-même :

> *... Que Diable! Encor! Que de coups de chapeau!* (Acte I, Scène III, vers 282.)

— Cul de lampe. Une grosse tête de Satyre cornu supporte la ligne d'une corniche plate, sur laquelle sont assis deux grands singes, supportant un cadre. Dans celui-ci, Valère, devant sa maison, ne regarde pas Ergaste qui l'engage à entrer chez lui, en lui disant le dernier vers de l'Acte :

> *Entrons un peu chez vous afin d'y mieux rêver.* (Scène IV, vers 358.)

En haut du cadre les armes d'Orléans, qui se retrouveront dans les deux autres culs de lampe, à la fin du second et du troisième Acte.

Acte II. — En-tête. A la porte de la maison de Valère, Sganarelle remet à Ergaste, vêtu d'un pourpoint et d'un haut-de-chausses de tabis rayé, la boîte d'or et la lettre d'Isabelle :

> *. . . . . . Tenez; dites à vostre Maistre*
> *Qu'il ne s'ingère pas d'oser écrire encor*
> *Des lettres, qu'il envoye avec des boëtes d'or.* (Scène IV, vers 512-14.)

Dans la rue, groupe de deux Amours; à droite et à gauche, la baie d'une fenêtre, derrière l'appui de laquelle on voit un Amour.

— Lettre V. En avant d'un socle en largeur, sur le milieu duquel est posée de profil une fontaine à robinet, Sganarelle, tenant la boîte, et Isabelle lui disant :

> *Ah! Ciel, gardez-vous bien de l'ouvrir!...* (Scène III, vers 481.)

— Cul de lampe. Dans un cadre, aux armes d'Orléans, et qui est accompagné, à droite et à gauche, de supports chargés de vases pleins de flammes, Sganarelle, disant à Valère, en se mettant entre lui et Isabelle :

Tenez, embrassez-moy; c'est un autre elle-même ! (Scène IX, vers 792.)

ACTE III. — En-tête. Un théâtre dont le cintre est formé par un rideau qu'écartent, à droite et à gauche, deux statues de femmes, posées sur un piédestal accompagné d'un vase. Sur le théâtre, Valère et Isabelle :

. . . . . *Qui va là? — Ne faites point de bruit,*
Valère; on vous prévient, et je suis Isabelle.

SGANARELLE, caché derrière l'un des deux vases :
Vous en avez menty, chienne, ce n'est pas elle. (Scène III, vers 898-900.)

— Lettre O. En avant d'une rue, Isabelle, joignant les mains, pendant qu'un petit Amour soulève un coin de son voile de dentelle noire, lève les yeux au ciel pour l'implorer :

O Ciel, dans mes desseins ne m'abandonnez pas. (Scène II, vers 893.)

Sganarelle, appuyé sur un des légers poteaux inscrits dans la porte et au-dessus de la tête duquel un petit Amour tient un drapeau d'étoffe chargé de deux cornes adossées, dit à son tour :

Où pourra-t-elle aller? Suivons un peu ses pas. (Scène II, vers 894.)

— Fleuron. Dans un cadre aux armes d'Orléans, Lisette, restée seule sur le théâtre et disant au Parterre le trait final de la Pièce, en s'adressant directement aux spectateurs :

Vous, si vous connoissez des Maris loup-garoux,
Envoyez les, au moins, à l'école chez nous. (Scène IX, vers 1113-14.)

Molière a rarement fait prendre le public à partie par les acteurs, et le seul exemple postérieur qu'on en pourrait citer est celui du monologue d'Harpagon.

Sur la tablette du support, à droite et à gauche un Satyre agenouillé s'occupe à lier un paquet de verges. Dans le culot du fleuron, un médaillon avec le profil, à l'antique, de Molière jeune, accompagné, dans le champ, de son miroir de vérité.

FIN DE LA TABLE DES ILLUSTRATIONS

Achevé d'imprimer a Évreux

Par Charles Hérissey

Le dix Mars Mil huit cent quatre-vingt-quatre

Pour le compte de Jules Lemonnyer

Éditeur a Paris

A

MOLIERE

A

MOLIERE

1622 1673